Riga

LETTONIE

LITUANIE

POLOGNE

Varsovie

AUSCHWITZ-BIRKENAU

TCHÉCOSLOVAQUIE

Vienne

HONGRIE

Budapest

ROUMANIE

YOUGOSLAVIE

Belgrade

Autres lieux

Bâle
Alice Frank-Stern, la grand-mère d'Anne, quitte Francfort en 1933 pour se rendre à Bâle. Le père d'Anne ira également vivre dans cette ville après la guerre.

Osnabrück
La famille Van Pels, qui se cache avec la famille Frank à l'Annexe, est originaire d'Osnabrück. Elle a fui cette ville pour Amsterdam en 1937.

Les frontières des pays situés sur cette carte datent de 1939. Après la Seconde Guerre mondiale, certaines d'entre elles ont changé.

ANNE FRANK
—une vie—

ANNE FRANK
—une vie—

Ruud van der Rol
Rian Verhoeven

Fondation Anne Frank ■ casterman

Auteurs
Ruud van der Rol
Rian Verhoeven

Traduction
Brigitte Hendrickx

Iconographie
Yt Stoker

Maquette
Erik Uitenbogaard (B&U)

Exécution
Egide Développement

Couverture
Bernard Van Geet

Photos
Allard Bovenberg
Kees Rutten
Maarten van de Velde

Illustrations
(cartes et Annexe)
Gerard de Groot

Correction
Mireille Cohendy

Coordination
Anneke Boekhoudt
Nico de Bruijn
Jan Buning

Photogravure
B&R Lithografen, Utrecht

Remerciements
David Barnouw,
de l'Institut Néerlandais
de Documentation
sur la Guerre.
Karen Beijer
Janrense Boonstra
Anki Duin
Miep Gies
Yoeri de Graaf
Inge Luttikhuizen
Trudie van Nimwegen
Karen Peters
Marie-José Rijnders
Wouter van der Sluis
Juliette Smink
Dineke Stam
Tim Steinweg
Anna Westra
Hans Westra
Nous tenons à remercier
tout particulièrement Joke
Kniesmeijer.
Sa compétence
et son souci de
collaboration se sont
avérés indispensables à la
création du présent
ouvrage.

Edition originale
LRV-info, Kampen,
Pays-Bas

© **Fondation Anne Frank,**
Amsterdam, 1992.
© **Casterman 1992**
pour l'édition française.
ISBN 2-203-14229-4.
© **Anne Frank-Fonds,**
Bâle, Suisse pour tous les
textes d'Anne Frank, avec
l'autorisation des éditions
Calmann-Lévy, à Paris.

Imprimé aux Pays-Bas.
Dépôt légal : septembre
1992 ; D.1992/0053/128.
Déposé au Ministère de la
Justice, Paris (loi n° 49.956
du 16 juillet 1949 sur les
publications destinées à
la jeunesse).

Sommaire

Son plus beau cadeau d'anniversaire

Ce vendredi matin-là, un 12 juin, Anne se réveille à l'aube, dès six heures. Cela se comprend : c'est aujourd'hui son anniversaire, elle fête ses treize ans ! Que c'est long d'attendre l'heure de se lever ! Anne vit avec son père, sa mère et sa sœur aînée Margot dans un quartier neuf d'Amsterdam. Nous sommes en 1942. C'est la guerre. Depuis deux ans déjà, les Pays-Bas sont occupés par les Allemands. La famille Frank est juive. Or, les juifs sont humiliés et poursuivis par les Allemands. Il leur est de plus en plus difficile de vivre normalement. Mais aujourd'hui, Anne ne pense pas à tout cela. A sept heures, elle se rend dans la chambre de ses parents. Puis, la famille se réunit dans la salle à manger pour la cérémonie des cadeaux. Ce jour-là, Anne en recevra plusieurs : des livres, un puzzle, une broche, des bonbons et autres menus présents. Ses parents lui offrent également un journal. Un cahier, avec une couverture solide à carreaux rouges et blancs. Anne est très contente, c'est son plus beau cadeau. Elle n'a encore jamais tenu un journal. Anne a beaucoup d'amis et d'amies, avec lesquels elle ne s'entretient que de choses et d'autres. A présent, elle décide de faire comme si ce journal était sa meilleure amie. Une confidente à qui elle pourra tout dire et qu'elle nommera "Kitty". Sur la première page de son journal, Anne écrit :

Ik zol hoop ik aan jou alles kunnen toevertrouwen, zaals ik het nog aan niemand gekunt heb, en ik hoop dat jé un grote steun van me zult zijn.
Anne Frank. 12 Juni 1942.

Je vais pouvoir, j'espère, te confier toutes sortes de choses, comme je n'ai encore pu le faire à personne, et j'espère que tu me seras d'un grand soutien. (12 juin 1942)

A l'intérieur, elle colle une photo d'elle-même et écrit : *Mignonne, n'est-ce-pas !*

Deux jours plus tard, Anne entame la rédaction de son journal. Bien entendu, elle est loin de se douter que sa vie va prendre un cours aussi différent. Pendant plus de deux ans, Anne notera dans ce cahier tout ce qui lui arrivera. Ce même jour, elle ne peut pas davantage imaginer que, plus tard, des millions de personnes de par le monde liront son journal.

De Francfort à Amsterdam

Anne Frank naît le 12 juin 1929 à Francfort-sur-le-Main, en Allemagne. C'est le lendemain que son père, Otto Frank, réalise cette photo. La mère d'Anne s'appelle Edith Frank-Holländer. Otto Frank se passionne pour la photographie et réservera un album à la petite Anne.

La famille accourt pour admirer le bébé. La grand-mère d'Anne est présente et Otto Frank la photographie ici avec ses deux petits-enfants. La sœur aînée d'Anne, Margot, est née le 16 février 1926. Ici, elle a trois ans.

On est en plein été. Au retour de la clinique, on prend une photo de groupe sur le balcon. Anne est sur les genoux de Mme Dassing, la puéricultrice. Derrière elle se trouve sa mère. Sur la gauche, Kathi, la femme de ménage de la famille, est assise avec Margot sur les genoux. Quelques petites voisines sont venues admirer le bébé.

Le mariage des parents d'Anne a été célébré le 12 mai 1925 à la synagogue* d'Aix-la-Chapelle. Otto est alors âgé de trente-six ans et Edith de vingt-cinq. Les jeunes mariés partent en voyage en Italie. Ils séjournent quelque temps à San Remo, sur la côte méditerranéenne.

La mère d'Otto s'appelle Alice Frank-Stern. Son père est mort en 1909 lorsque Otto avait vingt ans. Otto est né et a grandi à Francfort où vit sa famille depuis des générations.
Edith Holländer est née à Aix-la-Chapelle, tout près de la frontière néerlandaise.

Au 307 Marbachweg, Otto, Edith et Margot occupent les deux premiers étages sur le côté droit. Ils déménagent lorsque Margot a dix-huit mois, parce qu'ils souhaitent vivre dans une maison avec jardin.

La famille Frank est juive et libérale. Cela signifie que, même si elle reste proche des traditions de la religion juive, elle n'est pas strictement religieuse. La famille Frank est allemande, parle l'allemand et lit des livres allemands. Pour Otto Frank, la lecture et les études sont primordiales, pour lui-même comme pour ses filles. Sur cette photo, Margot, trois ans, pose devant la bibliothèque paternelle.

Presque chaque après-midi, quelques-uns des enfants du quartier viennent jouer avec Margot dans le jardin. Sur cette photo, Margot se tient sur la gauche. Par la suite, Anne ajouta une date dans son album de photos : juillet 1929. A cette époque, elle était encore au berceau.

Dès qu'Anne a appris à marcher, elle est de tous les jeux. Sur cette photo datant de septembre 1930, elle est la troisième à partir de la gauche. Certains enfants du quartier sont catholiques, d'autres protestants ou juifs. Ils sont bien entendu très curieux de connaître leurs fêtes respectives. Margot est invitée à la communion de l'une de ses petites amies. Et lorsque la famille Frank fête Hanouka*, les enfants du quartier sont parfois invités.

Anne joue dans le bac à sable. Elle n'a pas encore le droit de sortir du jardin, contrairement à Margot qui joue dans la rue avec ses petites amies. (1931)

Papa et ses petits trésors notera Anne en guise de légende de cette photo qui date de 1930. Anne et Margot adorent leur père, qu'elles ont surnommé Pim. Le soir, à l'heure du coucher, Otto raconte à ses filles des histoires qu'il a lui-même inventées et dont les héroïnes sont deux petites filles nommées Paula. La gentille Paula obéit à ses parents et la vilaine Paula fait des bêtises.

A la fin mars 1931, la famille Frank déménage une fois de plus pour aller habiter au 24 Ganghoferstrasse, un endroit sain et agréable pour les enfants. Anne et Margot restent en contact avec les enfants de leur ancien quartier, mais se font rapidement de nouveaux amis. C'est l'été 1932 : Margot (au centre) a six ans. Anne (à droite) vient de fêter son troisième anniversaire.

1929-1942

Trois jours plus tard, le 13 mars 1933. Les habitants de Francfort se sont rendus aux urnes afin d'élire leurs conseillers municipaux. Les nazis* ont gagné beaucoup de voix. Ils fêtent cette victoire devant l'hôtel de ville, font le salut hitlérien et crient : "Heil Hitler ! Heil Hitler ! A bas les juifs !" Les nazis pénètrent dans l'hôtel de ville et accrochent au balcon le drapeau rouge à croix gammée* noire. Le bourgmestre doit donner sa démission. Des événements similaires surviennent dans de nombreuses villes allemandes.

Nous sommes le 10 mars 1933. La famille Frank va faire des courses en ville. Otto prend une photo sur la Hauptwache, une place bien connue du centre de Francfort. Pendant l'hiver, beaucoup de choses ont changé pour la famille Frank comme pour tous les autres juifs d'Allemagne : six semaines plus tôt, en janvier, Adolphe Hitler est arrivé au pouvoir. Otto et Edith se font beaucoup de soucis, mais n'en laissent rien voir aux enfants.

Au grand magasin Tietz, situé à proximité de la Hauptwache, il y a un photomaton. Anne, Margot et leur mère sont réunies. Outre la date, la photo mentionne leur poids à elles trois : près de 110 kilos.

Adolf Hitler au pouvoir

En 1929, année de la naissance d'Anne Frank, le chômage et la pauvreté sont monnaie courante en Allemagne, au grand dam de la plupart des Allemands. Le NSDAP*, le Parti National Socialiste Allemand des Travailleurs, recueille de plus en plus de voix. Un certain Adolf Hitler est le chef de ce parti dont les adeptes se nomment des nazis (contraction de **na**tional**so**zial**i**st). Hitler déclare que les Allemands sont des individus supérieurs. Selon lui les meilleurs, les plus forts et les plus intelligents des habitants de la planète. C'est la raison pour laquelle il estime que ces mêmes Alle-

Adolf Hitler prononce un discours. Le 30 janvier 1933, il devient chef du gouvernement allemand.

Dans toute l'Allemagne, au cours de la nuit du 9 au 10 novembre 1938, les nazis détruisent synagogues et commerces juifs. Ils mettent le feu aux bâtiments et brisent les fenêtres. Pendant les jours qui suivent cette "Nuit de Cristal*", près de 30 000 jeunes garçons et hommes juifs sont arrêtés et envoyés en camp de concentration*.

mands ont le droit de dominer d'autres peuples pour en faire des esclaves. A ses électeurs, il promet un avenir radieux.

Comment expliquer que la pauvreté et le chômage règnent alors en maîtres en Allemagne ? Hitler en impute la faute aux juifs. Il clame que tous leurs représentants sont dangereux, vicieux, vils et malhonnêtes. Ce faisant, il récupère l'antisémitisme* ambiant, c'est-à-dire la haine des juifs.

Hitler n'a pas inventé l'antisémitisme, qui existait déjà bien longtemps avant son arrivée au pouvoir. Aujourd'hui encore, ce fléau n'a pas disparu, que ce soit en Allemagne, en France ou dans d'autres pays. De nombreux individus aiment assez à penser qu'ils constituent une "race" supérieure aux autres humains. Et imputer aux juifs la responsabilité de tous les maux, voilà qui est facile. Au début des années trente, Hitler obtient tant de voix que le NSDAP s'affirme comme le principal

parti d'Allemagne. Le 30 janvier 1933, Hitler devient le chef du gouvernement. A partir de là, les intentions réelles des nazis apparaissent au grand jour. Ils mettent fin à la démocratie et interdisent tous les partis, à l'exception du NSDAP. Quiconque se hasarde à les contredire se fait malmener ou jeter en prison.

Très vite apparaissent les premiers camps de concentration*. Poussés par la peur, de nombreux Allemands se taisent. D'ailleurs, la plupart d'entre eux admirent Hitler. Ils sont tout prêts à croire aveuglément ce qu'il leur dit et à faire ce qu'il leur demande. Hitler tente d'attiser la haine contre les juifs, et ce par tous les moyens : émissions de radio, articles de journaux, films, expositions, etc. La vie devient alors de plus en plus difficile pour les juifs. Hommes et femmes perdent leur emploi et, dans les écoles, leurs enfants doivent se tenir à l'écart des "purs" Allemands. Ce n'est, hélas, là qu'un commencement...

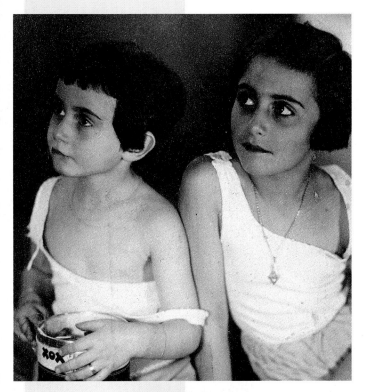

Accompagnées de leur mère, Anne et Margot sont hébergées en 1933 par leur grand-mère à Aix-la-Chapelle. Elles n'habitent plus à Francfort. La famille Frank a décidé de quitter l'Allemagne à cause des mesures prises par Hitler à l'encontre des juifs. Elle projette de partir pour les Pays-Bas. Otto Frank a reçu une proposition visant à monter une nouvelle entreprise à Amsterdam. Ces photos ont été prises par un photographe d'Aix-la-Chapelle. Elles ont probablement été envoyées à Otto Frank, qui se trouve depuis plusieurs mois déjà à Amsterdam afin d'y créer son entreprise et d'y chercher un logement.

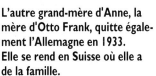

L'autre grand-mère d'Anne, la mère d'Otto Frank, quitte également l'Allemagne en 1933. Elle se rend en Suisse où elle a de la famille.

Cette photo date de 1936. Une partie de la famille se trouve à la gare de Bâle (Suisse) : Alice Frank-Stern, la grand-mère d'Anne, se trouve tout à fait à gauche. Son oncle Erich Elias se trouve à droite ; à côté de lui se tient Leni Elias-Frank, une tante. Entre eux, Bernd et Stephan, deux cousins d'Anne.

L'exil

La famille Frank quitte Francfort à la suite de l'arrivée au pouvoir de Hitler. Otto Frank n'est pas le seul à s'inquiéter des événements dans son pays. Des milliers d'autres personnes tentent de fuir l'Allemagne depuis que les nazis y sont les maîtres. Elles prévoient qu'il sera de plus en plus dur d'y vivre.

Certains pensent au contraire que rien n'est encore trop grave et décident d'attendre la suite des événements. Mais les nazis continuent sur leur lancée. Les opposants sont envoyés en prison. Des lois de plus en plus nombreuses rendent la vie des juifs impossible : petit à petit, emplois, argent et liberté leur sont retirés.

Dans les années qui suivent, des milliers de juifs tentent de fuir vers l'étranger. Mais chaque jour qui passe rend une telle entreprise plus ardue. Pour voyager, il faut de l'argent. Les pays d'accueil exigent souvent que les juifs qui leur arrivent aient déjà un

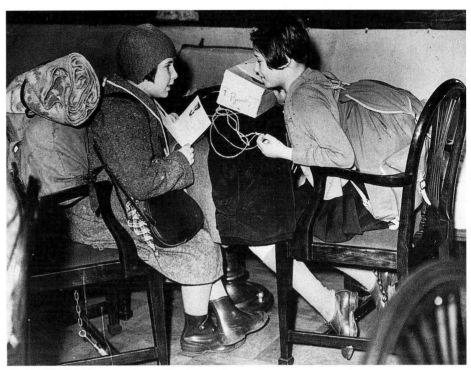

Deux enfants juifs en route pour l'Angleterre. De nombreux parents envoient leurs enfants dans des pays plus sûrs où, la plupart du temps, eux-mêmes ne sont pas admis.

La gare de Naarden. Ces réfugiés juifs viennent d'arriver aux Pays-Bas.

travail ou une fortune confortable. Nombreux sont ceux qui ne peuvent satisfaire à ces exigences. Plusieurs pays sont récalcitrants à l'idée d'accueillir des réfugiés venus d'Allemagne. Ils tendent à penser que les récits de persécution et de camps de concentration sont exagérés. Les gouvernements inventent toutes sortes de mesures pour refouler les réfugiés aux frontières. Certains pays n'acceptent plus un seul juif allemand. Néanmoins, beaucoup ont réussi à fuir leur pays. Vers 1933, 600 000 juifs vivaient en Allemagne. Entre 1933 et 1939, la moitié d'entre eux arrivent à quitter ce pays. Les autres, ceux qui n'ont pas d'argent, qui sont trop vieux ou trop faibles pour entreprendre le voyage ou qui ne sont acceptés nulle part, sont forcés de rester en Allemagne. Ils y seront toujours davantage menacés. Les nazis les humilient dans la rue et dans les écoles, et leur retirent progressivement tous leurs droits, jusqu'à ce qu'ils n'en aient plus aucun.

1929-1942

A l'automne 1933, Otto Frank a enfin trouvé un appartement à Amsterdam : le deuxième étage d'une maison sur la place Merwede. Le quartier est neuf, la maison des Frank l'est aussi. Les arbres et les arbustes de la place sont encore tout petits. Edith et Margot partent pour Amsterdam en décembre. Anne reste encore quelque temps chez sa grand-mère jusqu'à ce que la maison soit complètement aménagée. Les Frank vivront dans cette maison jusqu'au moment où il leur faudra entrer dans la clandestinité. La maison est indiquée en rose sur la photo.

Dans ce quartier neuf, l'on construit beaucoup en 1934. Cela plaît aux enfants, qui trouvent à profusion du sable pour jouer. Anne est alors âgée de cinq ans. Les Frank aiment la vie à Amsterdam. Dans leur quartier, ils retrouvent de nombreux autres juifs ayant fui l'Allemagne.

L'un des avantages d'Amsterdam, c'est que la ville n'est pas très éloignée de la mer. Les jours de fête et pendant les vacances, la famille Frank se rend régulièrement sur les plages de Zandvoort.
Ci-dessus, Margot, Anne et leur mère un jour d'été 1934. Au centre de la photo, Mme Schneider, la secrétaire d'Otto Frank à Francfort.

16

Anne joue souvent dans la rue avec ses petites amies. Les rares autos ne représentent en effet pas un gros danger. Ici, Anne (à droite) et ses amies sur la place Merwede. Nous sommes en 1936, Anne a donc sept ans. Les deux petites amies s'appellent Eva Goldberg (à gauche) et Sanne Ledermann (au milieu).

Anne va à l'école depuis 1934. Elle se rend d'abord pendant deux ans au jardin d'enfants de l'école Montessori, à proximité de chez elle. Margot fréquente la même école. Sur la photo, on peut voir Anne dans la classe de M. Van Gelder. A sept ans, elle sait déjà lire et écrire correctement.

Aussitôt que Margot et Anne savent écrire, elles envoient des lettres en Allemagne. A l'occasion d'anniversaires ou autres événements, elles adressent une carte ou une lettre à leur famille. Elles écrivent également à leur ancienne voisine de Francfort et à Kathi, leur femme de ménage. Voici une carte écrite par Anne depuis Aix-la-Chapelle en 1937 à son ancienne voisine Gertrud. Anne n'oublie pas que Gertrud ne parle pas le néerlandais. Elle signe "Deine Anne"(Ton Anne).

En 1933, Otto Frank vient d'inaugurer sa nouvelle entreprise, **Opekta Werke**. Il vend de la pectine, une poudre de fruits employée pour la préparation des confitures. A l'époque, de nombreuses personnes préparent encore leurs propres confitures, bien meilleures et moins chères que celles que l'on trouve dans le commerce. La pectine est vendue en flacons, en boîtes ou en sachets de papier. Les ménagères qui ont besoin de précisions sur la manière de préparer une confiture peuvent appeler le service de renseignements de Opekta. Leur interlocutrice est une certaine Miep Santrouschitz, qui travaille pour Otto. A dater de l'été 1937, elle sera assistée de Bep Voskuijl.

Miep Santrouschitz et Otto Frank. Une grande amitié naît bientôt entre la jeune femme et la famille Frank. Accompagnée de son fiancé, Jan Gies, Miep rend souvent visite aux Frank. Miep et Otto discutent de tout ce qui se passe en Allemagne. Miep est, elle aussi, farouchement opposée à Hitler et aux nazis.

Anne se rend parfois à l'entreprise de son père. Ici, on la voit posant devant les bureaux. Elle discute souvent cinéma avec Miep, car les films et les vedettes de l'écran la passionnent.

1936: l'entreprise d'Otto Frank fait de la publicité. Ce véhicule sillonne les rues pour que chacun puisse voir ce qu'est Opekta.

En 1938, Otto Frank créé une seconde entreprise : la firme **Pectacon B. V.** Celle-ci fait commerce d'épices. Hermann Van Pels devient le compagnon de travail d'Otto. Un an plus tôt, la famille Van Pels avait fui la ville allemande d'Osnabrück pour les **Pays-Bas**. Ils ont un fils, Peter, photographié (au milieu) en 1935 ou 1936. Il est âgé à l'époque de huit ou neuf ans.

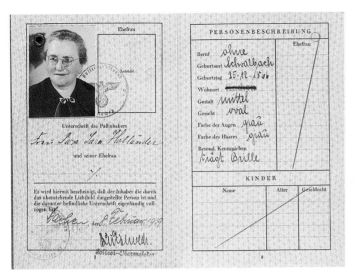

Pratiquement chaque année, la famille Frank se rend chez le photographe pour y réaliser des photos d'identité. Les clichés ci-contre montrent Margot en 1939. Plus calme qu'Anne, elle obéit mieux à ses parents. Elle prend soin de ses vêtements, contrairement à sa sœur, ce pourquoi elle est souvent donnée en exemple. Il arrive qu'Anne jalouse Margot pour sa facilité à apprendre. Mais également parce que certaines personnes trouvent sa sœur plus jolie et plus intelligente qu'elle.

Il y a également des séries de photos d'Anne. Voici quelques photos disparates (de g. à dr. mai 1935, décembre 1935, 1939, 1940). Plus tard, elle utilisera ces photos pour illustrer son journal.

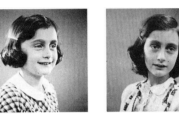

Le passeport de grand-mère Holländer. En mars 1939, elle vient vivre avec la famille Frank. En Allemagne, la situation est devenue presque intenable pour les juifs, qui ressentent de plus en plus la haine et la violence dirigées contre eux. C'est presque un miracle que la grand-mère ait pu entrer aux Pays-Bas. En effet, de nombreux réfugiés juifs sont refoulés à la frontière.

Cette photo d'Anne a été prise quelque part dans la rue, en 1939. Anne aime rire, écrire et étudier l'histoire. Elle se passionne pour les vedettes de cinéma, la mythologie grecque, les chats, les chiens et les garçons. Elle a beaucoup d'amis. Elle aime se rendre à des fêtes et chez le glacier du quartier. Elle va en vélo à l'école, où elle bavarde sans arrêt, ce qui lui vaut d'être souvent punie.

En 1939, la famille Frank se rend toujours à la plage. Ce sera l'une des dernières occasions de goûter aux joies de la mer. Le 10 mai 1940, sans préavis, l'armée allemande envahit les Pays-Bas. La famille Frank avait pourtant bien espéré trouver la sécurité dans ce pays. Mais l'armée allemande les talonne, il leur est impossible de fuir plus loin.

Le début des persécutions

Pendant que la famille Frank vit sans trop de problèmes aux Pays-Bas, Hitler et ses complices poursuivent l'exécution de leurs projets. A dater de 1933, ils préparent la guerre. En 1938, les nazis occupent l'Autriche ainsi que certaines régions de Tchécoslovaquie. Lorsque les Allemands entrent en Pologne au mois de septembre 1939, l'Angleterre et la France déclarent la guerre à l'Allemagne. Les armées nazies continuent leur progression. Le 10 mai 1940, elles envahissent les Pays-Bas. La famille royale et le gouvernement néerlandais fuient en l'Angleterre. Quatre jours plus tard, le 14 mai, les bombardements allemands sur Rotterdam font de nombreuses victimes. Lorsque les nazis menacent de bombarder d'autres villes, la Hollande capitule. Après

■ L'Allemagne en 1942

■ Les alliés de l'Allemagne

■ Les territoires occupés par l'Allemagne

De nombreux pays d'Europe sont occupés, mais les Allemands ne parviennent pas à conquérir l'Angleterre. Hitler envahit également des pays d'Afrique du Nord et attaque l'Union soviétique. L'Allemagne nazie obtient l'appui de l'Italie et du Japon. Les opposants à l'Allemagne, les Alliés*, vont se réunir pour la combattre : il s'agit des Etats-Unis, de l'Angleterre, de la France libre et de l'URSS.

Dans les Pays-Bas occupés, de nombreux avis sont placardés : "Interdit aux juifs".

les premières semaines d'angoisse et de panique, la vie quotidienne reprend son cours pour la plupart des gens. Ils se rendent au travail et à l'école, en essayant d'oublier la guerre.

Au cours de cette première année de conflit, on ne remarque pas encore trop l'occupation nazie. Mais les Allemands veulent savoir qui est juif. C'est pourquoi chaque Hollandais doit se faire enregistrer à la fin 1940, et déclarer s'il est juif ou non. S'il ne le fait pas, il risque une lourde peine.

A partir du mois de mai 1942, tous les juifs âgés de six ans et plus doivent porter une étoile de David* jaune cousue sur leurs vêtements. Ainsi, tout le monde peut voir qu'ils sont juifs.

Au mois de novembre 1940, tous les fonctionnaires juifs sont révoqués. L'année suivante, chaque Hollandais se voit remettre une carte prouvant son identité. La carte des juifs porte un tampon avec un J.

Par la suite, tout comme en Allemagne, des lois seront promulguées, qui visent à interdire aux juifs toutes sortes de choses, pas à pas, mesure après mesure. Comment réagit la population non juive des Pays-Bas ? La plupart des gens ne se mêlent de rien. Certains ont peur. Il espèrent que la guerre se terminera rapidement. De nombreux Néerlandais non juifs ne fréquentent plus du tout les juifs, estimant que c'est trop dangereux. C'est précisément ce à quoi visent les nazis. Ils veulent isoler toujours plus les juifs du reste de la population, de sorte qu'ils se retrouvent tout seuls. De plus en plus de mesures touchent les juifs. Mais pourquoi donc les Allemands agissent-ils de la sorte ? Quels sont leurs projets ? C'est là un secret bien gardé.

Pour Anne, Margot et tous les autres juifs des Pays-Bas, l'occupation allemande paraît tout d'abord supportable. En 1940, elles se rendent à l'école tout à fait normalement et s'y amusent avec leurs amis. Les journaux regorgent d'articles véhéments contre les juifs, mais Otto et Edith tentent de ne pas alarmer leurs filles.

C'est l'été 1940. Anne s'est installée pour lire derrière la maison, comme il lui arrive souvent par beau temps. Le pays est occupé. Cela ne se remarque encore guère. Les soldats étrangers qu'on voit dans les rues se comportent généralement avec correction. Toutes sortes de mesures concernant les juifs se préparent en secret.

Le 1er décembre 1940, l'entreprise d'Otto Frank déménage pour occuper de nouveaux bureaux : 263 Prinsengracht. Sur cette photo datant de 1941, nous voyons le personnel du bureau. Devant à gauche se trouve Victor Kugler, à côté de lui Bep Voskuijl et à droite Miep Santrouschitz. A l'arrière-plan : Esther debout et Pine assise. Celles-ci ne resteront plus longtemps au bureau. Otto sait fort bien ce qui s'est passé en Allemagne, où, bien vite, les juifs n'ont plus eu le droit de fonder une entreprise. Ce sera la même chose aux Pays-Bas. C'est pourquoi il cède son entreprise à Victor Kugler et Johannes Kleiman. En 1941, celle-ci est rebaptisée Handelsvereniging Gies & Co.

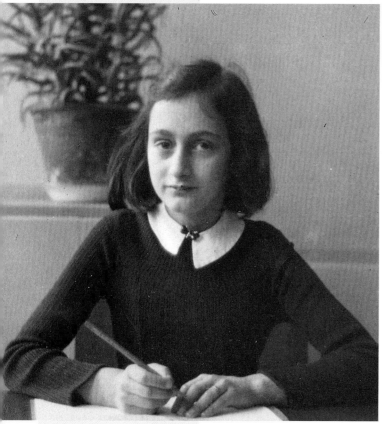

Anne sur le balcon de la maison sur la place Merwede, en mai 1941. Dans son album, Anne écrira la légende suivante : *D'après Margot, Grand-Mère était censée être sur la photo... Mais lorsque le film fut développé, Grand-Mère avait disparu.*

Anne à l'école Montessori en 1941. Après les grandes vacances, les enfants juifs apprennent qu'ils ne peuvent plus se rendre à l'école de leur choix. Dorénavant, ils devront fréquenter leurs propres écoles, avec des enseignants juifs exclusivement, et seront séparés des enfants non juifs de leur âge. Mais les choses n'en resteront pas là. Anne écrira dans son journal : *Les loi antijuives se sont succédé sans interruption et notre liberté de mouvement fut de plus en plus restreinte. Les juifs doivent porter l'étoile jaune ; les juifs doivent rendre leurs vélos, les juifs n'ont pas le droit de prendre le tram ; les juifs n'ont pas le droit de circuler en autobus, ni même dans une voiture particulière ; les juifs ne peuvent faire leurs courses que de trois heures à cinq heures, les juifs ne peuvent aller que chez un coiffeur juif ; les juifs n'ont pas le droit de sortir dans la rue de huit heures du soir à six heures du matin ; (...) les juifs doivent fréquenter des écoles juives, et ainsi de suite, voilà comment nous vivotions et il nous était interdit de faire ceci ou de faire cela.*

Miep épouse Jan Gies le 16 juillet 1941. La famille Frank est invitée à la fête. Sur la photo, Otto et Anne sont parmi les autres invités. Edith Frank est restée à la maison avec la grand-mère Holländer qui est très malade et n'a plus longtemps à vivre. Anne écrit à ce propos :
Dans l'été de 1941, grand-mère est tombée gravement malade, il a fallu l'opérer, et on a un peu oublié mon anniversaire. (...) Grand-mère est morte en janvier 1942. Personne ne sait à quel point moi, je pense à elle et comme je l'aime encore.

Nous sommes en juin 1942.
Il fait une chaleur torride, tout le monde étouffe et cuit, et par ces températures je suis obligée d'aller partout à pied. C'est maintenant que je me rends compte comme on est bien dans le tram, surtout s'il est à plate-forme, mais ce plaisir nous est défendu à nous les juifs, nos pieds doivent nous suffire.
Anne et Margot vont régulièrement jouer au ping-pong avec leurs amis. Ensuite, ils vont tous manger une glace dans l'un des salons où les juifs sont encore admis.

VAKKEN	STAND VAN KENNIS				OPMERKINGEN omtrent vorderingen, vlijt en gedrag. (Deze kolommen worden slechts ingevuld als daartoe bepaalde aanleiding bestaat).			
	1	2	3	4	Eerste rapport	Tweede rapport	Derde rapport	Jaarrapport
Stelkunde	9	8	7	9				
Gonio- en Trigonometrie								
Meetkunde	8	8	9	8				
Beschrijvende Meetkunde								
Mechanica								
Natuurkunde	8	9	8	9				
Scheikunde								
Plant- en Dierkunde	9	9	9	9				
Cosmographie								
Geschiedenis	8	7	8	8				
Staatsinrichting								
Staathuishoudkunde								
Aardrijkskunde	8	7	9	8				
Nederlands	8	9		8				
Frans	8	7	8	8				
Hoogduits								
Engels	7	8	8	8				
Handelswetenschappen	9	9	9	8				
Handtekenen	8	8	6					
Rechtlijnig tekenen								
Lichamelijke oefening	8	8	7	7				
Handwerken	9	8	7	8				

Z.O.Z.

Gezien: Gezien: Gezien: ~~Gezien:~~

L'année scolaire 1941-1942 est terminée. Comme d'habitude, le bulletin de Margot est excellent. Celui d'Anne est bon également, même si elle a une note insuffisante en algèbre. Anne raconte à ce propos : *A la maison, ils étaient contents, mais en matière de notes, mes parents sont très différents des autres, ils se moquent bien qu'un bulletin soit bon ou mauvais, ce qui compte pour eux, c'est que je sois en bonne santé, pas trop insolente et que je m'amuse. Si ces trois conditions sont remplies, le reste suivra.*
En réalité, les parents d'Anne et de Margot se font bel et bien du souci à propos de ce que l'avenir leur réserve, à eux et à tous les autres juifs des Pays-Bas.

23

1942-1944

"Chère Kitty"

Anne Frank reçoit le cahier dont elle fera son journal le jour de son treizième anniversaire, le 12 juin 1942. Deux jours plus tard, elle commence à le rédiger. Elle y parle de sa famille, de ses amies et de son école. Ce mois-là, elle a un nouveau petit ami : Hello Silberberg. Il a seize ans et Anne le trouve fort beau. Anne aime la vie et préfère ne pas penser à la guerre. Pour les juifs, il est pourtant parfois dangereux de ne pas réfléchir. Ainsi le lundi 29 juin : en fin d'après-midi, Hello vient faire la connaissance des parents de son amie.

Chère Kitty,

J'avais acheté des gâteaux et des bonbons, il y avait du thé, des biscuits, de tout, mais ni Hello ni moi n'avions envie de rester tranquillement assis sur nos chaises, nous sommes allés nous promener et il ne m'a ramenée chez moi qu'à huit heures dix. Papa était très fâché, il a trouvé que j'exagérais de rentrer si tard, j'ai dû promettre qu'à l'avenir, je serais à la maison à huit heures moins dix. (1ᵉʳ juillet 1942)

À présent, son père est fréquemment à la maison pendant la journée. Anne pense combien il doit être triste de ne pas se sentir utile. Son père a eu un sérieux entretien avec elle au cours de cette même semaine.

Comme nous faisions notre promenade autour de la place, Papa a commencé à parler d'entrer dans la clandestinité, il disait qu'il nous serait très difficile de vivre complètement coupés du monde. Je lui ai demandé pourquoi il parlait de nous cacher : « Anne, répondit-il, tu sais que depuis plus d'un an, nous entreposons chez d'autres gens des vêtements, des vivres et des meubles, nous voulons encore moins nous faire prendre. Aussi nous allons partir de nous-mêmes au lieu d'attendre qu'on vienne nous chercher.

Voilà probablement la dernière photo d'Anne qui ait été prise. En 1942, les juifs n'ont plus le droit de prendre des photos, mais il ne leur est pas interdit d'être photographiés. Pendant la période de clandestinité, aucune photo ne sera prise. Il est vrai qu'on avait à l'époque d'autres soucis en tête ! Les photos qui illustrent ce chapitre ont été prises avant la clandestinité ou après la guerre.

C'est une sensation très étrange, pour quelqu'un dans mon genre, d'écrire un journal. Non seulement je n'ai jamais écrit, mais il me semble que plus tard, ni moi ni personne ne s'intéressera aux confidences d'une écolière de treize ans. (20 juin 1942)

Anne colle volontiers des photos
dans son journal, qu'elle assortit de
commentaires. Elle a écrit la page ci-
contre le vendredi 19 juin 1942.
Par la suite, Anne colle des feuilles
volantes dans son journal lorsqu'elle
veut ajouter quelques mots.

1940 : Anne sur le toit de sa maison,
place Merwede à Amsterdam.

— Mais quand alors, Papa ? Le ton grave de Papa m'inquiétait.
— Ne te tracasse pas, nous nous occuperons de tout, profite bien de ta vie insouciante pendant qu'il en est encore temps. »
(5 juillet 1942)

C'est là tout ce qu'Otto Frank lui a dit. Anne espère que rien de tout cela n'arrivera ! Elle écrit ce qui précède le dimanche matin 5 juillet. Le jour même, les choses se gâtent. C'est une journée d'été torride. A trois heures de l'après-midi, on sonne à la porte. Anne n'entend rien, car elle est allongée sur une chaise longue pour une lecture au soleil. Un peu plus tard, Margot vient la rejoindre, tout à fait excitée.

« Il est arrivé une convocation des S.S. pour Papa. »

Ça m'a fait un choc terrible, une convocation, tout le monde sait ce que cela veut dire, je voyais déjà le spectre de camps de concentration et de cellules d'isolement et c'est là que nous aurions dû laisser partir Papa. « Il n'est pas question qu'il parte », affirma Margot pendant que nous attendions Maman dans le salon. « Maman est allée chez Van Daan* demander si nous pouvons nous installer demain dans notre cachette. Les Van Daan vont se cacher avec nous. Nous serons sept. »
(8 juillet 1942)

* En remaniant son Journal, Anne donnera des pseudonymes aux clandestins (voir page 63).

La veille de leur entrée dans la clandestinité, Otto envoie une carte postale à sa sœur Leni Elias-Frank, en Suisse. Il y laisse entendre que sa famille va se cacher. *Nous ne pourrons plus nous écrire dorénavant. C'est bien dommage, mais nous n'y pouvons rien. Vous le comprendrez.* Edith, Margot et Anne écrivent également quelques mots.

Un peu plus tard, Anne et Margot, toujours anxieuses et sous le choc, se trouvent encore dans leur chambre. Soudain, Margot confie à sa sœur que la convocation n'était pas destinée à son père mais à elle-même !

Ça m'a fait encore un choc et j'ai commencé à pleurer. Margot a seize ans, ils font donc partir seules des filles aussi jeunes ? (8 juillet 1942)

Heureusement, elle ne partira pas car la famille Frank va entrer dans la clandestinité*. Se cacher, oui… mais quand, comment et où ? Ce sont ces questions qu'Anne remâche sans cesse. Elle prend son cartable et commence à le remplir : d'abord son journal, puis ses plumes, ses mouchoirs, ses livres d'école, un peigne et quelques lettres.

La perspective de la cachette m'obsédait et je fourrais n'importe quoi dans la sacoche, mais je ne le regrette pas, je tiens plus aux souvenirs qu'aux robes. (8 juillet 1942)

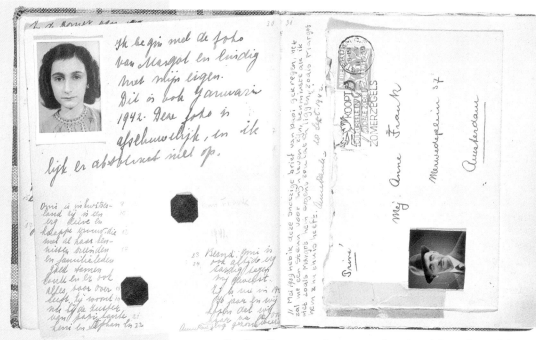

Dans son journal, Anne utilise deux écritures différentes. Il lui arrive d'écrire en caractères d'imprimerie, mais elle fait le plus souvent usage d'une écriture cursive.

Otto Frank a averti Miep Gies depuis plusieurs semaines déjà de leurs projets. Otto sait qu'il peut lui faire confiance. A cette occasion, il lui a également demandé à mots couverts si elle serait prête à aider la famille une fois cachée. "Bien entendu", lui a-t-elle alors répondu.

En fin d'après-midi, on va chercher Miep Gies. Miep arrive bientôt et emporte quelques chaussures, robes, vestes, sous-vêtements et bas. Elle revient le soir à vingt-trois heures, accompagnée de son mari Jan. Cette fois encore, elle emporte quelques affaires. Anne écrit :

J'étais morte de fatigue et j'avais beau savoir que ce serait ma dernière nuit dans mon lit, je me suis endormie tout de suite. (8 juillet 1942)

La mère d'Anne la réveille à cinq heures et demi ce lundi matin 6 juillet.

La déportation des juifs

L e lundi 29 juin 1942, tous les journaux néerlandais annoncent que l'occupant allemand a décidé de transporter les juifs vers des camps de travail en Allemagne. Aux Pays-Bas, c'est la panique parmi les juifs : que va-t-il encore leur arriver ? Que peuvent-ils faire ? En effet, l'occupant a soigneusement enregistré tous les noms et adresses des juifs. Nombreux sont ceux qui pensent alors à se cacher, ce qui est extrêmement difficile.

Le dimanche 5 juillet, les mille premiers juifs des Pays-Bas trouvent une carte dans leur boîte aux lettres. Margot Frank fait partie de ceux-là. Sur la carte, ils peuvent lire qu'il leur faut se rendre à une adresse donnée. Là, on leur remettra un formulaire leur indiquant l'heure de départ de leur train et ce qu'ils doivent emporter. Les juifs savent seulement qu'ils seront transportés par chemin de fer vers le camp de Westerbork (Pays-Bas). Personne ne sait ce qu'il leur arrivera.

En 1942 et 1943, les Allemands convoquent tous les juifs des Pays-Bas pour être déportés*. Pourtant, de nombreuses personnes ne répondent pas à cet appel. Alors, la police allemande décide de passer à des mesures expéditives. Elle se rend chez les gens sans prévenir et arrête aussitôt les habitants juifs. Elle organise également des rafles*. Cela signifie qu'elle quadrille tout un quartier et emmène tous les juifs. Les gens sont traînés hors de leurs maisons, chargés sur des camions et transportés par rail jusqu'à Westerbork. Une bonne part des policiers néerlandais aident les Allemands. Il y a également des nazis néerlandais, qui secondent l'occupant. Lorsqu'ils pénètrent dans le foyer des familles juives, ils volent d'abord ce qui a de la valeur : argent, bijoux et nourriture.

Fin septembre 1943, presque tous les juifs des Pays-Bas ont été arrêtés. A partir de ce moment-là, les occupants vont s'efforcer de retrouver les juifs qui ont réussi à se cacher. De nombreux clandestins seront encore découverts et déportés.

Déportés juifs attendant un convoi.

En Hollande, il existe des petits groupes de "chasseurs de juifs", qui reçoivent une récompense pour tout juif livré — femme, homme ou enfant. Ainsi cette quittance de 37,50 florins que la police allemande verse à toute personne ayant dénoncé cinq juifs. A l'époque, une telle somme représentait l'équivalent d'au moins une semaine de salaire moyen.

L'une des dernières photos de Margot. Au contraire d'Anne, elle est d'un naturel renfermé et silencieux. Pendant la période de clandestinité, elle a également tenu un journal qui n'a pas été retrouvé.

Le 6 juillet 1942 au petit matin, la famille Frank quitte la maison de la place Merwede où elle a vécu pendant huit ans.
Elle laisse derrière elle la plupart de ses biens, ainsi que le chat Moortje. Anne écrit à son propos :
Moortje me manque à chaque instant de la journée et personne ne sait à quel point je pense à lui ; chaque fois, j'en ai les larmes aux yeux. (12 juillet 1942)

La famille Frank se dirige de la place Merwede vers le Prinsengracht. Les juifs n'ont le droit d'emprunter ni trams, ni autobus, ni autos, ni bicyclettes. Anne et ses parents parcourent à pied les quatre kilomètres qui séparent leur maison du Prinsengracht. Anne note :
Les ouvriers qui allaient au travail à cette heure matinale nous lançaient des regards de pitié ; sur leurs visages se lisait clairement leur regret de ne pouvoir nous proposer aucune sorte de véhicule, le jaune éclatant de l'étoile en disait assez long. (9 juillet 1942)

*T*ous les quatre, nous nous sommes couverts d'habits, comme pour passer la nuit dans une glacière et cela dans le seul but d'emporter d'autres vêtements. Aucun juif dans notre situation ne se serait risqué à quitter la maison avec une valise pleine d'habits. J'avais mis deux chemises, trois culottes, une robe, et par-dessus une jupe, une veste, un manteau d'été, deux paires de bas, des chaussures d'hiver, un bonnet, une écharpe et bien d'autres choses encore, j'étouffais déjà avant de sortir, mais personne ne s'en souciait. (8 juillet 1942)*

Miep Gies vient chercher Margot. Celle-ci bourre son cartable de livres d'école, va chercher son vélo dans la remise et suit la jeune femme. Où vont-elles ? Anne ignore toujours où se trouve leur future cachette. A sept heures et demi, Anne et ses parents referment une dernière fois la porte de la maison. Anne a fait ses adieux à Moortje, son chat. La famille Frank a laissé un mot aux voisins, les priant de s'occuper de la petite bête. Ils laissent derrière eux une maison en désordre : la table n'a pas été desservie après le petit déjeuner, les lits ne sont pas faits. Tout porte à croire que la famille a quitté la maison en toute hâte. Mais peu leur importe.

Tout ce que nous voulions, c'était partir, partir et arriver à bon port, et rien d'autre. (8 juillet 1942)

Dans son journal, Anne nous dépeint la façon dont les choses se sont passées ensuite. Ils ont quitté la maison et marché sous une pluie battante, le père, la mère et Anne, chacun muni d'un cartable et d'un sac à provisions bourrés de toutes sortes de choses. Etant donné que les juifs ne peuvent plus emprunter les transports en commun, ils doivent faire la route à pied.

Ce n'est qu'une fois dans la rue que son père et sa mère expliquent à Anne quel est leur projet de cachette. Pendant des mois, ils ont transporté toutes sortes d'affaires de leur maison à l'adresse où ils vont se cacher. Ils avaient décidé tout d'abord de partir le 16 juillet, mais la convocation de Margot a avancé les projets de dix jours. Le père d'Anne lui révèle que la cachette se trouve à la même adresse que son bureau. Seuls Victor Kugler, Johannes Kleiman, Miep Gies et Bep Voskuijl sont au courant de leur arrivée. Le père de Bep, M. Voskuijl, qui travaille dans l'entrepôt, ne sera informé que plusieurs semaines plus tard. Une fois arrivés au Prinsengracht, Miep accompagne la famille Frank en haut, à l'Annexe. Elle referme la porte et ils se retrouvent seuls. Margot les attendait. Anne regarde autour d'elle. Partout des boîtes, des piles de couvertures et de draps... Le désordre est indescriptible. Aussitôt, tous se mettent au travail.

Nous avons passé toute la journée à déballer des cartons, à remplir des placards, à planter des clous et à ranger, jusqu'au soir, où nous nous sommes écroulés dans des lits bien propres. (10 juillet 1942)

Le mardi matin, ils poursuivent le travail là où ils l'ont interrompu la veille. Anne n'a pratiquement pas le temps de réfléchir aux profondes modifications survenues dans sa vie. Ce n'est que le lendemain mercredi qu'elle trouve le temps de se confier longuement à son journal.

Pour la première fois depuis notre installation, l'occasion s'est présentée de te rapporter les événements et en même temps de prendre pleinement conscience de ce qui m'était arrivé et de ce qui allait m'arriver encore. (10 juillet 1942)

La façade de l'immeuble au 263 Prinsengracht, où sont installés les bureaux d'Otto Frank. Au rez-de-chaussée, le père de Bep, M. Voskuijl, ainsi que deux autres hommes travaillent dans l'entrepôt (1). La porte de gauche (2) mène aux entrepôts des deuxième et troisième étages. La porte (3) à côté mène au bureau du premier étage. *En haut de l'escalier, on arrive devant une porte en verre dépoli, sur lequel on lisait autrefois "BUREAU" en lettres noires. C'est le grand bureau de devant, très grand, très clair, très plein.* (9 juillet 1942)

A l'arrière, il y a également un petit bureau où se tenaient auparavant M. Van Daan et Victor Kugler. A présent, seul ce dernier y travaille encore. Derrière cette maison s'en trouve une autre, qui n'est pas visible depuis la rue, l'"Annexe". Cette maison est reliée par un étroit couloir au numéro 263 du Prinsengracht.

Trois hommes travaillent à l'entrepôt du rez-de-chaussée. C'est ici que les épices sont moulues, pesées et emballées. Un seul parmi eux (le père de Bep) est au courant de la cachette des Frank.

Cette photo a été prise peu après la guerre. On y voit l'Annexe (en jaune) et la maison principale (en rouge). On peut même apercevoir la lucarne du grenier de laquelle Anne observait souvent les alentours. De la sorte, elle pouvait voir la "Westertoren". Par une lucarne à l'arrière, elle pouvait voir entre autres un châtaignier (en vert). Elle en parlera à différentes reprises dans son journal.

Voici l'Annexe, photographiée à partir des jardins à l'arrière. Sur la droite, on aperçoit les branches du châtaignier.

❶ La petite chambre d'Anne, qu'elle partage d'abord avec Margot et par la suite avec Fritz Pfeffer (Albert Dussel).

❷ La chambre des parents Frank. Plus tard, Margot se joindra à eux.

❸ La chambre de M. et Mme Van Pels (Van Daan). C'est dans cette vaste pièce que l'on fait également la cuisine et que l'on mange tous ensemble.

❹ Les réserves alimentaires sont entre-posées au grenier. Cela deviendra l'endroit préféré d'Anne. Elle peut y rester pendant des heures à regarder par la fenêtre.

❺ Le bureau privé d'Otto Frank. Il ne fait pas partie de la cachette, mais des bureaux du numéro 263 Prinsengracht.

❻ La cuisine. Ne fait pas partie de la cachette, car le personnel des bureaux en fait usage.

Le dessin que voici donne une idée
assez claire de la façon dont
l'Annexe était aménagée.

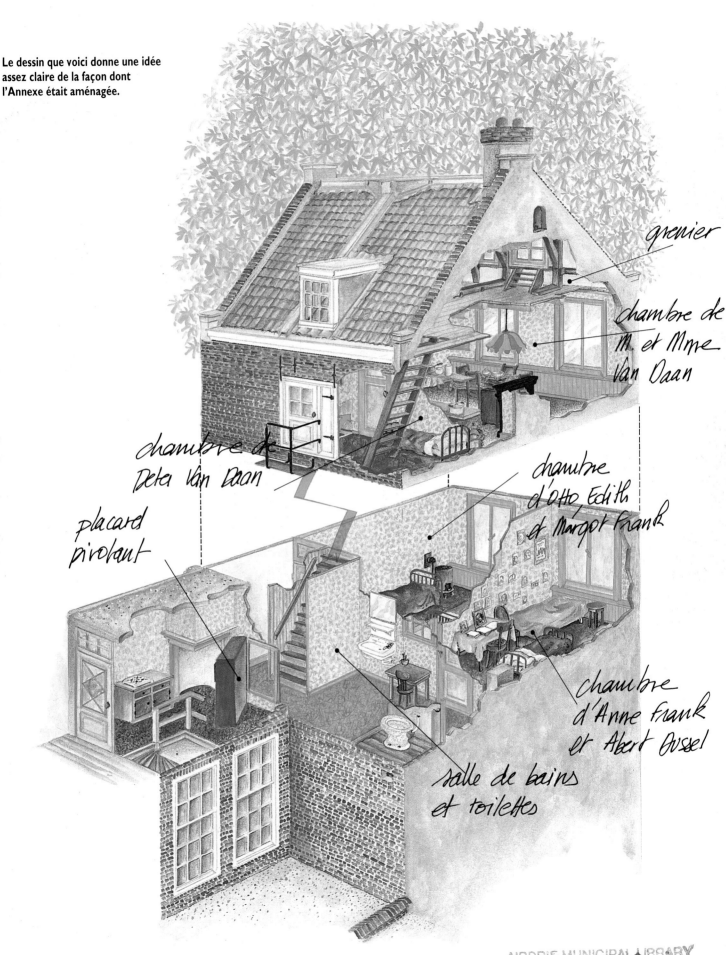

grenier

chambre de
M. et Mme
Van Daan

chambre de
Peter Van Daan

chambre
d'Otto, Edith
et Margot Frank

placard
pivotant

chambre
d'Anne Frank
et Albert Dussel

salle de bains
et toilettes

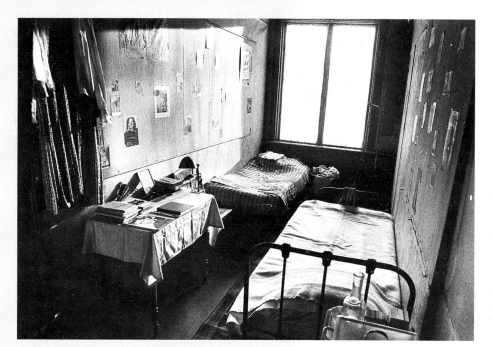

La chambrette de Margot et Anne.
Avec ses murs vides, notre petite chambre faisait très nue. Grâce à Papa, qui avait emporté à l'avance toute ma collection de cartes postales et de photos de stars de cinéma, j'ai pu enduire tout le mur avec un pinceau et de la colle et faire de la chambre une gigantesque image. C'est beaucoup plus gai comme ça. (11 juillet 1942) **C'est à cette table qu'Anne a écrit une bonne partie de son journal. Cette photo a été prise après la guerre. La chambre avait été aménagée provisoirement, selon les instructions d'Otto Frank et de Miep Gies. Aujourd'hui, la chambre est vide. Voir photo à la page 58.**

Les occupants de l'Annexe sont entièrement dépendants des amis qui leur portent secours. Ceux-ci travaillent tous au bureau et sont les plus proches collaborateurs d'Otto Frank. De gauche à droite : Miep Gies, Johannes Kleiman, Otto Frank, Victor Kugler et Bep Voskuijl.

A u cours des journées qui suivent, Anne apprendra à connaître chaque recoin de leur cachette. Les clandestins vivent dans la peur d'être découverts. Pendant la journée, ils marchent et parlent tout doucement, car le personnel de l'entrepôt ne doit pas les entendre.

Dès le premier jour, nous avons cousu les rideaux, en fait on peut difficilement parler de rideaux car ce ne sont que de vilains bouts de tissu ternes, de forme, de qualité et de motif totalement disparates, que nous avons cousus ensemble, Papa et moi, tout de travers comme de vrais amateurs ; ces œuvres d'art sont fixées devant les fenêtres par des punaises et n'en seront plus décrochées jusqu'à la fin de notre clandestinité. (11 juillet 1942)

Leur seul contact avec le monde extérieur se fait par l'intermédiaire de Miep Gies, de Bep Voskuijl, de Victor Kugler et de Johannes Kleiman. Ce sont eux qui achètent la nourriture, apportent des livres et leur parlent de tout ce qui se passe à Amsterdam. Pour Anne Frank, le monde est devenu bien petit : quelques pièces et une lucarne par laquelle elle peut voir le ciel et la Westertoren. Elle écrit :

L'idée de ne jamais pouvoir sortir m'oppresse aussi plus que je ne suis capable de le dire et j'ai très peur qu'on nous découvre et qu'on nous fusille. (28 septembre 1942)

Anne est soulagée lorsque la famille Van Pels se joint à eux le 13 juillet 1942. Dans son journal, elle leur donne un autre nom : la famille Van Daan. Cette famille est composée de trois personnes : M. et Mme Van Daan et leur fils de quinze ans, Peter. Peter a amené son chat Mouschi.

Les Van Daan sont arrivés le 13 juillet. Nous pensions qu'ils viendraient le 14, mais comme les Allemands ont commencé à affoler de plus en plus de gens entre le 13 et le 16 juillet en envoyant des convocations de tous les côtés, ils ont jugé qu'il valait mieux partir un jour plus tôt qu'un jour plus tard.
(14 août 1942)

La clandestinité

De nombreux juifs tentent d'échapper à la déportation en se cachant, entreprise extrêmement difficile. Où aller en effet ? Au début de la guerre, il n'existe pas encore d'organisme d'aide aux juifs désireux de trouver une cachette. Il s'agit d'avoir des amis ou des connaissances non juives qui veulent bien vous héberger. Or, avec toutes les mesures prises par les Allemands, la plupart des juifs n'ont précisément plus de tels amis. Il n'arrive pratiquement jamais qu'une famille entière puisse trouver un même abri.

Si la recherche d'une adresse où se cacher est ardue, ce n'est pas la seule difficulté. Trouver une cachette coûte cher. Un prix de pension assez élevé est souvent réclamé. Or, de nombreux juifs sont pauvres et ne sont pas en état de payer de telles sommes. Il est également dangereux de se cacher. On sait que les juifs clandestins qui sont pris doivent partir pour un camp de concentration. De nombreux juifs ne

Quelques milliers d'enfants juifs seront sauvés de la mort, ayant réussi à trouver refuge chez des fermiers à la campagne. Mais la plupart d'entre eux ne reverront jamais leurs parents.

veulent pas mettre des tiers en danger et choisissent donc délibérément de ne pas se cacher.

Heureusement, certaines personnes n'hésitent pourtant pas à héberger des juifs et forment leur seul lien avec le monde extérieur. Elles se chargent de la nourriture, leur apportent livres et journaux, tentent de trouver des médecins dignes de confiance lorsque quelqu'un tombe malade, remontent le moral des clandestins, etc. Cette aide représente une lourde tâche, aux risques énormes. De nombreux bénévoles de ce type seront pris par les Allemands et envoyés dans les camps. Ce n'est que pendant l'été 1943 qu'un organisme clandestin d'aide aux juifs se mettra en place. Mais à cette date, la plupart d'entre eux ont déjà été déportés. Sur les 140 000 juifs des Pays-Bas, 25 000 se sont cachés. L'on estime à 16 000 le nombre de ceux qui ont survécu à la guerre. Les autres, environ 9 000, ont fini par être découverts et capturés, souvent à la suite d'une trahison.

La majorité des clandestins ne sont pas aussi confortablement logés que la famille Frank. Ainsi ce couple caché sous le plancher d'une maison.

La chambre de M. et Mme Van Pels (Van Daan).
Quand, en haut de l'escalier, on ouvre la porte, on est surpris de trouver dans cette vieille bâtisse une pièce aussi grande, claire et spacieuse. Dans cette pièce se trouve une cuisinière (...) et un évier. La cuisine donc, et en même temps la chambre à coucher des époux Van Daan, le salon, la salle à manger et la salle d'étude communautaire. (9 juillet 1942)
C'est dans cette pièce que les clandestins passent le plus clair de leur temps. Les détritus sont incinérés dans le poêle. Sur la photo, la pièce a également été aménagée provisoirement selon les instructions d'Otto Frank et de Miep Gies. Elle est vide à présent.

Peter Van Pels.
Anne a changé son nom dans son journal. Elle décrit son arrivée à l'Annexe comme suit:
A neuf heures et demi (nous en étions encore au petit déjeuner) est arrivé Peter, le fils des Van Daan, un garçon de bientôt seize ans, un dadais timide et plutôt ennuyeux dont la compagnie ne promet pas grand-chose.
(14 août 1942)

Anne est contente qu'ils soient là. C'est bien plus agréable ainsi et le silence est moins pesant. En effet, l'absence de bruit la rend nerveuse. Les jours se suivent, deviennent des semaines et des mois. Pendant la journée, lorsque le personnel est au travail, les clandestins ne peuvent que chuchoter et marcher sans leurs souliers. A l'Annexe, personne ne peut utiliser les robinets ni les toilettes entre neuf heures du matin et sept heures du soir.

Nous ne faisons pas plus de bruit que des souriceaux. Qui aurait pu croire, il y a trois mois, qu'Anne vif-argent serait obligée et capable de rester immobile pendant des heures ?
(1er octobre 1942)

Que fait donc Anne pendant ces longues heures ? Elle étudie beaucoup, à l'aide des piles de livres scolaires qu'elle a emportés. Margot et Peter passent également de longues heures chaque jour à étudier. Otto Frank leur sert de répétiteur. Les enfants ne veulent pas accumuler de retard scolaire. Ils espèrent toujours pouvoir retourner à l'école dans peu de temps. Anne lit de nombreux livres que lui rapporte Miep et elle étudie même la sténographie*.

Dans tous les Pays-Bas, de nombreux juifs sont arrêtés et envoyés dans des camps de concentration. Les familles Frank et Van Daan échappent à ce sort en se cachant dans l'Annexe. Mais les clandestins sont confrontés les uns aux autres jour et nuit, sans interruption. Ils voient et entendent tout ce que font les autres. De plus, ils craignent sans cesse d'être découverts. C'est la raison pour laquelle ils sont tous très tendus. Il n'est dès lors pas étonnant que des disputes surgissent fréquemment et à tout propos.

Hermann et Augusta Van Pels.
Dans son journal, Anne leur attribue un surnom : M. et Mme Van Daan. M. Van Pels est depuis quelques années l'associé d'Otto Frank dans ses bureaux de la Prinsengracht. Jusqu'en 1942, les deux familles ne se fréquentent guère. Anne les connaît à peine.

Lorsque la famille Frank vient habiter l'Annexe le 6 juillet 1942, il n'y a pas encore de bibliothèque, mais bien une simple porte. Anne écrit à ce propos :
Nul ne soupçonnerait que tant de pièces se cachent derrière cette simple porte peinte en gris. Une marche devant la porte et on y est. (9 juillet 1942)
Par souci de sécurité, l'entrée de l'Annexe a été camouflée. Un mois et demi plus tard, Anne écrira dans son journal :
Chère Kitty,
Notre cachette est devenue une cachette digne de ce nom. En effet, M. Kugler a jugé plus prudent de mettre une bibliothèque devant notre porte d'entrée (...) mais naturellement une bibliothèque pivotante qui peut s'ouvrir comme une porte. (...) Maintenant, pour descendre, nous sommes d'abord obligés de baisser la tête, puis de sauter. Au bout de trois jours, nous avions tous le front couvert de bosses parce que tout le monde se cognait à l'encadrement de la porte basse. Peter a essayé d'adoucir le choc en y clouant un morceau de tissu rembourré de laine de bois. Espérons que ça marchera ! (21 août 1942)

Anne écrit : *Je trouve incroyable que des adultes puissent se quereller si vite, si souvent et à propos des détails les plus futiles ; jusqu'à présent, j'étais persuadée que les chamailleries étaient réservées aux enfants.* (28 septembre 1942)

Anne s'adapte difficilement à sa "nouvelle vie". Il est vrai qu'elle a tout perdu : ses amis, son école, sa liberté... Anne est parfois révoltée et triste. Elle pleure souvent la nuit. Pendant la journée, elle se manifeste d'une autre manière : elle est vive, turbulente et généralement gaie. Anne se mêle de tout et de tous et a toujours une réplique au bout des lèvres. M. et Mme Van Daan la trouvent impertinente et mal élevée. Elle entre régulièrement en conflit avec sa mère, et Margot se montre souvent irritée. Peter ne lui est pas non plus d'un grand secours.

Margot et Peter ne sont pas du tout ce qu'on peut appeler « jeunes », ils sont tous les deux d'un tel ennui et d'une telle passivité. Moi, je suis tout le contraire et on me dit en permanence : « On ne verrait pas Margot et Peter faire ça, prends donc exemple sur ta gentille sœur. » Je ne supporte pas.
(5 février 1943)

Anne se sent fort seule et incomprise. A présent, son journal est à ses yeux sa meilleure amie. La plupart du temps, la vie à l'Annexe est bien ennuyeuse, même si elle comporte aussi des moments d'excitation ou d'angoisse. Un soir, vers vingt heures, on sonne à la porte avec fracas. Tout le monde a peur. Serait-ce la police allemande, la Gestapo* ? Chacun retient son souffle, mais il ne se passe rien.

Le 16 juillet 1942, dix jours après l'installation à l'Annexe, Miep et Jan Gies fêtent leur premier anniversaire de mariage. Le 18 juillet, les habitants de l'Annexe préparent un repas de fête composé des provisions que Miep a achetées pour eux. Miep et Jan sont les invités de l'Annexe.

Anne a réalisé les menus avec humour. La plupart des plats sont annoncés en français avec beaucoup de panache.
La fameuse "Sauce de bœuf" est en réalité un simple jus de viande dont il ne faut pas abuser, car le beurre se fait rare.

Trois semaines plus tard, nouvelle frayeur. Les clandestins entendent soudain des coups de marteau sur le palier face à la bibliothèque. Aussitôt, tout le monde se tait. Un quart d'heure plus tard, des coups sont frappés à la bibliothèque. Les clandestins deviennent tout pâles. On frappe de nouveau contre le placard, on le pousse, on le tire...

J'étais juste en train de me dire que le plus gros de ma vie était derrière moi lorsque nous avons entendu la voix de M. Kleiman : « Ouvrez, c'est moi. » (20 octobre 1942)

Ils apprennent enfin ce qui s'est passé. Johannes Kleiman leur raconte qu'un menuisier se trouve dans la maison afin d'y contrôler les extincteurs et qu'il lui a été impossible de les avertir à l'avance. A présent, l'homme est parti. Quel soulagement ! Cette fois encore, tout est bien qui finit bien. Quelques jours plus tard, Anne apprend qu'une huitième personne va se joindre à eux.

Nous avons toujours pensé qu'il y avait ici largement de quoi loger et nourrir une huitième personne. Nous avions seulement trop peur d'imposer une charge supplémentaire à Kugler et à Kleiman. Mais comme les sinistres nouvelles du dehors concernant les juifs se faisaient de plus en plus sombres, Papa a tâté le terrain auprès des nos deux éléments décisifs, et ceux-ci ont approuvé le projet. Le danger n'est pas moins grand pour sept que huit, ont-ils remarqué à juste titre. (10 novembre 1942)

Victor Kugler (à droite) et Johannes Kleiman (à gauche) aident les clandestins dans la mesure de leurs possibilités. Tout comme Miep et Bep, il leur arrive souvent de prendre leur déjeuner avec les habitants de l'Annexe. C'est en de telles occasions qu'ils discutent des problèmes matériels des clandestins. Mais ils évoquent également la situation politique et l'état des affaires d'Otto Frank.

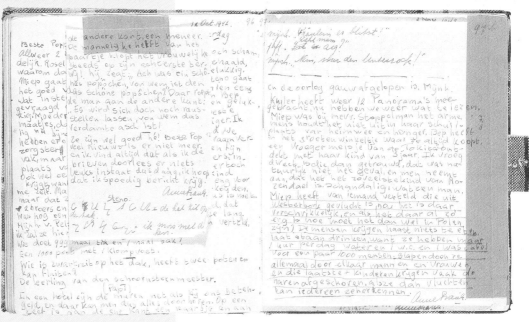

Anne entreprend un cours de sténographie par correspondance.
Bep a commandé auprès de je ne sais quelle association des cours de sténographie par correspondance pour Margot, Peter et moi. Tu vas voir quels parfaits sténographes nous serons l'année prochaine. En tout cas, je trouve qu'il est absolument essentiel d'apprendre ce langage secret. (1er octobre 1942)

Six mois plus tard, elle note :
Nous avons terminé le cours de sténo, nous commençons maintenant à nous entraîner à la vitesse, qu'est-ce qu'on devient bons ! (27 mars 1943)

Albert Dussel, qui s'appelle en réalité Fritz Pfeffer (Anne lui a également trouvé un pseudonyme), est arrivé aux Pays-Bas en 1938. La famille Frank le connaît depuis quelques années déjà. Anne doit partager sa chambre avec lui. Margot dormira dans celle de ses parents.

Fritz Pfeffer, qu'Anne nomme Albert Dussel dans son journal, arrive une semaine plus tard. Il est tout étonné de trouver la famille Frank à l'Annexe. Comme les voisins, amis et connaissances de la famille Frank, il avait pensé pendant tout ce temps qu'ils avaient fui à l'étranger. Anne le trouve sympathique. Elle écoute ce qu'Albert Dussel lui raconte à propos du monde extérieur. *D'innombrables amis et relations sont partis pour une terrible destination. Soir après soir, les voitures vertes ou grises de l'armée passent, ils sonnent à chaque porte et demandent s'il y a des juifs dans la maison, si oui, toute la famille doit les suivre immédiatement, si non, ils poursuivent leur chemin. Personne ne peut se soustraire à son sort à moins de se cacher. (...) Rien n'est épargné, vieillards, enfants, bébés, femmes enceintes, malades, tout, tout est entraîné dans ce voyage vers la mort.* (19 novembre 1942)

Anne réalise qu'elle a de la chance, dans son Annexe. Elle pense à ses meilleurs amis, qui sont à présent loin d'elle et sans défense, aux mains des pires bourreaux qui existent. Et elle soupire : *Et tout cela, pour la seule raison qu'ils sont juifs.* (19 novembre 1942)

Les jours et les semaines s'étirent sans fin. L'automne a fait place à l'hiver. Dès seize ou seize heures trente, il fait trop sombre pour pouvoir lire. *Nous tuons le temps avec toutes sortes de bêtises. Devinettes, gymnastique dans le noir, conversation anglaise ou française, critique de livres, on finit par s'en lasser à la longue.* (28 novembre 1942)

Depuis six mois, les clandestins vivent entassés les uns sur les autres. La peur de se voir découverts ne les quitte pas. Ils ne peuvent jamais mettre le nez dehors.

Voici la chambre – salle de séjour – d'Otto et Edith Frank. A droite, la porte donnant accès à la chambrette d'Anne. Les rideaux, qui cachaient la vue de jour comme de nuit, ne sont pas représentés sur cette photo. Après l'arrivée d'Albert Dussel, Margot dormira également dans cette chambre sur un lit de camp déplié chaque soir. Cette photo a été prise après la guerre. La chambre est désormais vide.

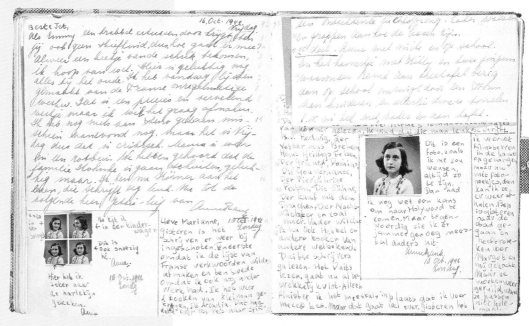

Le 18 octobre 1942, Anne colle dans son journal une petite photo d'elle-même assortie du commentaire suivant :
J'aimerais toujours être comme sur cette photo. Alors, j'aurais ma chance à Hollywood. Malheureusement, je suis assez différente de cela aujourd'hui.

Anne place dans son journal cette photo d'Otto Frank. Elle est très attachée à son père, qui la défend souvent lorsque les autres la critiquent et l'aide dans son travail scolaire. Otto comprend combien cette vie recluse est dure pour une fille aussi remuante et active qu'Anne. Pendant la journée, elle peut seulement chuchoter, rester tranquille autant que possible et jamais elle ne peut sortir à l'air libre. Otto Frank tente de l'aider. Anne écrit : *Je suis folle de papa, il est mon grand exemple, et je n'aime personne d'autre au monde que papa.*
(31 octobre 1942)

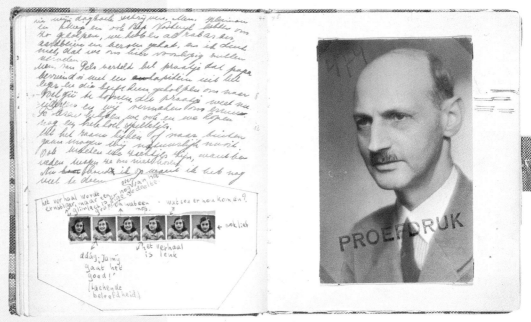

Le grenier de l'Annexe renferme surtout des stocks de nourriture. Grâce au marché noir, les clandestins parviennent de temps en temps à mettre la main sur une importante quantité de conserves ou de haricots. Miep et Bep se chargent des achats quotidiens. Pour ce faire, elles utilisent des tickets de rationnement. Au fur et à mesure que la guerre se poursuit, il devient de plus en plus difficile de trouver à manger.

La nourriture est rare aux Pays-Bas, car les Allemands transportent de grosses quantités vers leur propre pays. Le 14 mars 1944, Anne écrit : *Comme nos fournisseurs* de tickets ont été arrêtés, nous n'avons, en dehors de nos cinq cartes d'alimentation "noires", plus de tickets ni de graisse. (...) Notre déjeuner se compose de potée de chou frisé. (...) C'est incroyable ce que du chou, âgé probablement de quelques années, peut puer !*

Anne a modifié son opinion sur Albert Dussel.
M. Dussel (...) se révèle le plus vieux jeu des donneurs de leçons et un faiseur de sermons interminables sur les bonnes manières. Comme j'ai le rare privilège (!) que le grand-duc du savoir-vivre daigne partager avec moi une chambre malheureusement très exiguë et que je suis de l'avis général la plus mal élevée des trois jeunes, j'ai bien du mal à esquiver les remontrances et réprimandes à répétition et à faire la sourde oreille.
(28 novembre 1942)

Pourtant, les critiques ne la laissent pas insensible. Anne feint l'indifférence. En réalité, elle se fait des reproches, car elle voudrait changer.

Personne ne me fait autant de remontrances et ne m'adresse autant d'insultes que moi-même ; si en plus, Maman y ajoute sa part de conseils, les sermons s'accumulent en un tas insurmontable si bien que, désespérant de jamais m'en sortir, je deviens insolente et me mets à la contredire. (13 juin 1944)

Nous sommes en 1943. Toutes les nuits, les deux familles entendent passer des centaines d'avions alliés. Ces appareils sont en route pour bombarder des villes allemandes. Cela donne quelque espoir aux clandestins. Les ennemis de l'Allemagne gagnent en force. Chaque soir, les clandestins sont tendus lorsqu'ils écoutent la radio anglaise pour y suivre les péripéties de la guerre. Les avions alliés sont mitraillés par la défense antiaérienne allemande.

Un beau jour, les clandestins ont pu mettre la main sur quelques sacs de haricots rouges. Peter est prié de bien vouloir monter les sacs jusqu'au grenier.

Cinq des six sacs avaient déjà atterri là-haut indemnes et Peter était justement en train de hisser le n° 6, lorsque la couture inférieure du sac s'est rompue et qu'une pluie, non, une grêle de haricots rouges a jailli dans les airs et s'est répandue dans l'escalier. Le sac contenait environ cinquante livres, cela faisait un bruit de fin du monde ; en bas, ils étaient persuadés que la vieille maison avec tout son contenu leur tombait sur la tête. Peter a eu un instant de frayeur, puis a éclaté de rire en me voyant en bas de l'escalier, tel un îlot perdu au milieu des vagues de haricots, car je baignais dans une masse rouge jusqu'aux chevilles. (9 novembre 1942)

J'ai toujours aussi peur des coups de feu et des avions, et je vais retrouver Papa dans son lit presque toutes les nuits pour y chercher du réconfort. Ça paraît peut-être très puéril mais je voudrais bien t'y voir, on ne s'entend même plus parler tant les canons tonnent. (10 mars 1943)

Madame Van Daan a elle aussi fort peur, et pas seulement du grondement des canons. Une nuit, elle croit entendre un voleur dans le grenier, là où sont entreposées les réserves de nourriture. Personne ne la prend au sérieux mais quelques jours plus tard, la famille Van Daan est réveillée par des bruits suspects.

Peter est monté au grenier avec une lampe de poche et, vrrrt, qu'est-ce qui s'est sauvé ? Un tas de gros rats !

Quand nous avons su qui étaient les voleurs, nous avons fait dormir Mouschi au grenier et les hôtes indésirables ne sont plus revenus, du moins... pas la nuit. (10 mars 1943)

Quelques jours plus tard, Peter se rend au grenier pour y prendre de vieux journaux. Pour descendre l'escalier, il lui faut se tenir fermement à la trappe. Il pose la main sans regarder et... la surprise et la douleur manquent de lui faire dégringoler les marches. Sans le savoir, il a posé la main sur un rat qui l'a cruellement mordu. Le sang a traversé sa veste de pyjama lorsqu'il se retrouve parmi les autres, blanc comme un linge et les jambes tremblantes. Anne le comprend fort bien :

Caresser un gros rat n'est déjà pas si drôle, et se faire mordre par-dessus le marché, c'est vraiment épouvantable. (10 mars 1943)

Les livres scolaires. Chaque jour, Margot, Anne et Peter consacrent quelques heures à leurs activités scolaires (langues, algèbre, géométrie, géographie et histoire). Ils espèrent tous que la guerre sera vite terminée et qu'ils pourront reprendre leurs études. Anne écrit à plusieurs reprises:
J'éprouve une antipathie certaine pour l'algèbre, la géométrie et le calcul. Dans l'ensemble, j'apprends toutes les matières scolaires avec plaisir, mais surtout l'histoire ! (6 avril 1944)
Par la suite, elle écrira:
Je n'ai jamais autant détesté un livre que ce livre d'algèbre. (...) Un jour, si je ne me retiens pas, je déchirerai cette saleté en petits morceaux ! (20 mai 1944)

La vie sous l'occupation

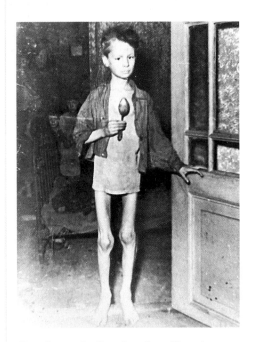

Dans l'ouest des Pays-Bas, des milliers de personnes meurent de faim et de froid au cours de l'hiver 1944-45.

Au début de la guerre, la majorité des gens tentent de ne se mêler de rien. Cela devient pourtant de plus en plus difficile, car la guerre, elle, se mêle de leur vie. La nourriture se fait rare et ne s'obtient plus qu'en échange de tickets. Le chocolat, le café, les cigarettes et bien d'autres articles sont pratiquement introuvables.

De plus en plus de gens souffrent de la pauvreté. Les journaux ne publient plus que des communiqués approuvés par les nazis. Ils écrivent que les armées du Reich remportent victoires sur victoires, que les résistants sont des malfaiteurs et les juifs une race inférieure. De plus en plus de publications illégales sont diffusées. Il s'agit de véritables journaux, rédigés et imprimés dans la clandestinité. On y lit ce qu'il se passe réellement. En cachette, les gens écoutent également "Radio Orange"*, une émission quotidienne sur l'émetteur anglais en langue néerlandaise.

En 1943, il est de plus en plus clair que l'Allemagne peut perdre la guerre. Les gens expriment ouvertement leur mécontentement. La résistance s'affirme, que l'occupant allemand tente de réprimer. Les résistants sont parfois abattus dans la rue : ainsi pense-t-on faire peur à la population. A l'automne 1944, le sud des Pays-Bas est libéré par les Alliés. Le reste du pays reste toujours occupé. Dans l'ouest, la nourriture fait cruellement défaut. Dans les grandes villes surtout, on ne trouve pratiquement plus rien à manger. Cet hiver-là, près de vingt mille personnes mourront de faim, de froid et de maladie. Le 5 mai 1945, après cinq années de guerre, les Pays-Bas sont enfin libérés.

Les tickets de rationnement existent à cause du manque de nourriture. Chacun a droit à une quantité bien définie. Lorsque les gens souhaitent acheter une denrée quelconque, il leur faut, en plus de l'argent, remettre un ticket. De la sorte, les réserves sont distribuées aussi équitablement que possible. Les clandestins n'ayant pas d'adresse officielle ne reçoivent donc pas de tickets de rationnement.

C'est bientôt le printemps 1943. Les clandestins sont tendus, fatigués. Ils souffrent tous du manque de sommeil à cause des avions et des tirs allemands. Ils mangent mal et manquent de tout. Miep et Bep ont de plus en plus de difficultés à trouver de la nourriture.

Anne admire fort les Hollandais qui aident les clandestins. Car c'est une tâche aussi ardue que dangereuse. *Il est étonnant de constater la capacité de travail, la noblesse de cœur et le désintéressement de ces personnes prêtes à perdre leur vie pour aider et pour sauver les autres. Nos protecteurs en sont le meilleur exemple. (…) Jamais nous n'avons entendu un seul mot faisant allusion au fardeau que nous représentons certainement pour eux, jamais l'un d'eux ne se plaint que nous sommes une trop grosse charge.* (28 janvier 1944)

Anne se rend compte qu'elle n'a pas à se plaindre. *En pensant à nos conditions ici, j'en arrive le plus souvent à la conclusion que, par rapport aux autres juifs qui ne se cachent pas, nous sommes ici dans une sorte de paradis.* (2 mai 1943)

Au matin du 16 juillet 1943, les clandestins constatent avec frayeur qu'un voleur a visité la maison. La porte de l'entrepôt ainsi que la porte d'entrée sont ouvertes ! Le voleur les a sans doute forcées à l'aide d'une pince-monseigneur. Johannes Kleiman, qui arrive peu après au bureau, constate que deux cassettes contenant de l'argent ont été dérobées. Mais, et cela est plus grave, les visiteurs ont également emmené des tickets de distribution donnant droit à 150 kilos de sucre. Les clandestins craignent que les voleurs aient remarqué quelque chose et qu'ils aillent les dénoncer à la police... Mais fort heureusement, plusieurs jours s'écoulent et il ne se passe rien.

1942-1944

Les clandestins tentent de vivre aussi naturellement que possible, ils respectent un horaire strict dans la journée. Mais celles-ci sont bien longues. La guerre va-t-elle encore durer longtemps ? Combien de temps vont-ils encore tenir le coup ? Autant de questions qui les préoccupent. Pourtant, le 8 septembre 1943 leur apporte un nouvel espoir. A la radio, ils apprennent que l'Italie, alliée de l'Allemagne, s'est rendue. La guerre se terminera-t-elle en 1943 ? Hélas, les choses ne vont pas aussi vite et le débarquement* allié qu'ils espèrent sans relâche se fait attendre. Pendant l'automne 1943, Anne a souvent le cafard.

Je suis loin de pouvoir toujours maîtriser mes nerfs, c'est surtout le dimanche que je me sens malheureuse. Ces jours-là, l'atmosphère dans la maison est oppressante, somnolente et pesante. Dehors, on n'entend pas un seul chant d'oiseau, un silence mortel, angoissant, s'abat sur tout et son poids s'accroche à moi comme pour m'entraîner dans les profondeurs d'un monde souterrain. (…) « Sortir, respirer et rire », entends-je crier en moi, je ne réponds même plus, je vais m'allonger sur un divan et dors pour abréger le temps, le silence et la terrible angoisse, à défaut de pouvoir les tuer. (29 octobre 1943)

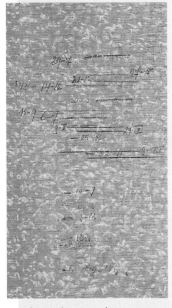

Anne n'a que treize ans au moment où la famille décide de se cacher. Elle est en pleine croissance. Les tailles d'Anne et de Margot sont notées sur le mur de la chambre de M. et Mme Frank, juste à côté de la chambre d'Anne. Les marques indiquent que pendant la période de clandestinité, Anne a grandi de plus de treize centimètres. Tous les vêtements qu'elle a emportés en juillet 1942 sont beaucoup trop petits à présent.
Maman et Margot ont passé tout l'hiver avec trois tricots à elles deux et les miens sont si petits qu'ils ne m'arrivent même pas au nombril ! (2 mai 1943)

Les clandestins sortent parfois de leur cachette lorsqu'il n'y a personne dans les bureaux. Quand il fait noir dehors, Anne peut alors contempler la ville depuis les fenêtres du bureau. Elle observe les passants, cachée derrière les rideaux. C'est là le seul contact qui lui reste avec le monde extérieur.

Cela fait belle lurette que le journal qu'Anne a reçu pour son treizième anniversaire est plein. Par la suite, elle tiendra son journal dans des cahiers et des livres de caisse qu'elle obtient de Miep et de Bep. En janvier 1944, Anne relit son "vieux" journal et remarque alors qu'elle a beaucoup changé en dix-huit mois. Elle estime qu'elle est devenue plus "sensée". Lorsqu'elle se rend compte qu'il reste encore deux pages blanches à la fin du journal, elle y note son opinion sur ce qu'elle vient de lire.

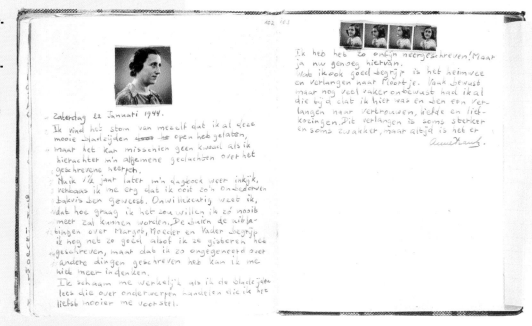

Nous sommes bientôt en 1944. A présent, Anne est âgée de quatorze ans et demi. Depuis un an et demi, les clandestins sont cachés dans l'Annexe. Anne réfléchit à toutes sortes de choses, et commence à voir les autres d'une façon différente. Elle s'aperçoit également des transformations qui s'opèrent dans son corps.

Je trouve si étonnant ce qui m'arrive, et non seulement ce qui se voit à la surface de mon corps mais ce qui s'accomplit à l'intérieur. C'est justement parce que je ne parle jamais de moi ni de ces choses à quelqu'un d'autre que je m'en parle à moi-même. (6 janvier 1944)

Anne n'est plus une écolière bruyante, elle est en route vers l'âge adulte et... elle tombe amoureuse ! Anne est amoureuse de Peter. Elle veut parler avec lui de tout ce qui la préoccupe. Mais Peter est timide et évite de se trouver seul avec elle. Pourtant, Anne trouvera un moyen de lui parler.

Je continuais à chercher la moindre occasion de parler un moment avec lui et celle-ci s'est présentée hier. Peter a attrapé la manie des mots croisés et y passe toute sa journée, je l'ai aidé et bientôt, nous étions installés l'un en face de l'autre à sa petite table, lui sur la chaise, moi sur le divan. Je me sentais toute drôle quand je regardais droit dans ses yeux. (…) Je pouvais lire si facilement en lui, son visage portait encore les traces de sa maladresse et de son manque d'assurance. (…) Je comprenais tellement son comportement timide et me sentais si attendrie. (6 janvier 1944)

Mercredi 23 février 1944 :
Depuis hier le temps est superbe et je me sens toute requinquée. (...) Je vais presque tous les matins au grenier pour expulser de mes poumons l'air confiné de ma chambre. Ce matin, quand je suis remontée au grenier, Peter était en train de faire du rangement. Il en a vite terminé et au moment où je m'asseyais par terre à ma place préférée, il est venu me rejoindre. Nous avons regardé tous les deux le bleu magnifique du ciel, le marronnier dénudé aux branches duquel scintillaient de petites gouttes, les mouettes et d'autres oiseaux, qui semblaient d'argent dans le soleil, et tout cela nous émouvait et nous saisissait tous deux à tel point que nous ne pouvions plus parler.

1942-1944

Au cours des semaines qui suivent, Anne et Peter deviennent de plus en plus intimes, même si Peter n'a rien perdu de sa timidité. Anne se rend souvent dans la chambre du jeune homme. Ils y parlent de tout et de rien. Anne réfléchit longuement à la vie qu'elle a menée jusqu'à présent, ainsi qu'à sa vie future. Elle repense aux temps heureux, avant l'époque de la clandestinité. Le fait qu'ils aient eu à se cacher a tout changé, elle-même en premier lieu. Elle est devenue rebelle et insolente, ce qui lui a valu réprimande sur réprimande de la part des adultes qui l'entourent. A présent, dix-huit mois plus tard, elle estime qu'elle est devenue bien plus "sensée". Il lui arrive toujours d'être agitée et joyeuse et ses commentaires n'épargnent personne. Mais selon Anne, il ne s'agit là que d'une couche superficielle, la seule que les autres voient. Par contre, elle estime avoir changé "à l'intérieur". Anne a pris conscience de ses bons et de ses mauvais côtés, ainsi que des valeurs qu'elle estime importantes dans la vie. Elle veut être heureuse. Elle ne veut pas penser à la misère dans le monde, mais plutôt à tout ce qui reste beau. Ce qui ennuie fort Anne, c'est que les adultes la traitent encore si souvent en enfant.

Je n'ai que quatorze ans mais je sais très bien ce que je veux, je sais qui a raison et qui a tort, j'ai mon avis, mes opinions et mes principes. (17 mars 1944)

Le 12 janvier 1944, Anne écrit à propos de Margot :
Margot est maintenant si gentille, elle me paraît beaucoup changée, elle n'est plus du tout aussi chipie qu'avant et devient une véritable amie. Elle ne me considère absolument plus comme une petite mioche dont on n'a pas à tenir compte.
Pendant quelque temps, Anne croira que Margot est également amoureuse de Peter, bien qu'il n'en soit rien.

Anne se montre fort critique envers sa mère. Elle estime que cette dernière ne la comprend pas et ne la prend guère au sérieux. Leurs disputes sont fréquentes. Le 2 mars 1944, Anne décrit l'une de ces altercations. Bep est à l'Annexe et aide à la vaisselle. Elle devise avec Edith Frank et Mme Van Daan de ses états d'âme. Anne entend toute la conversation. *Sais-tu ce qu'elle lui a donné comme conseil ? Elle n'avait qu'à penser à tous ces gens qui périssent dans le monde ! Qui donc peut trouver du réconfort dans la pensée de la détresse, quand il la connaît lui-même ? Je n'ai pas manqué de le dire, et la réponse a été naturellement que je ne suis pas en âge de parler de ces choses-là ! (...) Comme ils sont tous stupides ! (...) Personne ne peut défendre à un autre d'avoir son opinion, si jeune que soit cet autre !* (2 mars 1944)

44

L'entrepôt. Pendant la période de clandestinité, il sera cambriolé à trois reprises. La pénurie croissante qui règne à Amsterdam fait que de nombreuses personnes se mettent à voler. A chaque fois, les clandestins craignent d'être trahis, au cas où les voleurs remarqueraient quelque chose. Il existe également un autre danger. Deux membres du personnel du magasin ne sont pas au courant de la situation. L'un d'entre eux au moins se doute de quelque chose et se montre fort curieux. Il sait qu'il existait jadis un accès à l'Annexe et il voit régulièrement Miep et Bep monter, chargées de nombreuses denrées.

Anne rend souvent visite à Peter dans le grenier. En de tels instants, elle est tout à la fois heureuse et malheureuse. *Quand Peter et moi, dans un désordre et une poussière épouvantables, sommes assis sur une caisse en bois dure, nous tenant par l'épaule, tout près l'un de l'autre ; lui tenant une de mes boucles dans la main. Quand dehors les oiseaux font des trilles, quand on voit les arbres devenir verts, quand le soleil vous attire au-dehors, quand le ciel est si bleu, oh, alors, alors j'ai envie de tant de choses !* (14 avril 1944)

Le samedi soir du 18 mars, Anne se rend une nouvelle fois auprès de Peter.

Il se tenait à gauche de la fenêtre ouverte ; je me suis placée à droite et nous avons parlé. Près de la fenêtre ouverte, dans la pénombre, il était beaucoup plus facile de parler qu'en pleine lumière et je crois que c'était aussi l'avis de Peter.

Nous nous sommes dit tant de choses, une foule de choses, je serais bien incapable de les rapporter toutes, mais c'était délicieux, c'était le plus beau soir que j'aie jamais connu à l'Annexe. (19 mars 1944)

Les adultes aimeraient bien savoir ce que Peter et Anne se confient lorsqu'ils sont seuls. Cela leur fournit sujet à plaisanteries. Le père et la mère d'Anne sont quelque peu inquiets au sujet de leur fille. Un nouveau cambriolage survient le dimanche soir 9 avril 1944. Ce n'est certes pas le premier, mais cette fois la peur est bien ancrée. La porte d'entrée a été totalement démolie et quelqu'un a averti la police, qui vient inspecter le bâtiment !

A onze heures et quart, des bruits en bas. Chez nous, on entendait distinctement respirer toute la famille, pour le reste nous étions immobiles. Des pas dans la maison, dans le bureau privé, dans la cuisine, puis… dans notre escalier, tout le monde retenait son soufle. (…) Moment indescriptible : « Nous sommes perdus ! » dis-je, et je nous voyais tous les huit, emmenés la nuit même par la Gestapo. (11 avril 1944)

1942-1944

*L*es pas s'éloignèrent, pour l'instant nous étions sauvés ! Un frisson nous parcourut tous, sans en distinguer la provenance j'entendis des claquements de dents, personne ne disait plus rien. (11 avril 1944)

Ils passent tous la nuit dans la chambre des Van Daan, personne ne dort, tous ont peur. Le lendemain matin, le soulagement est grand lorsque les aides arrivent.

Le 15 avril 1944 est une journée importante pour Anne. C'est le jour de son premier baiser. Peter et Anne se trouvent sur le divan de la chambre du jeune homme, très près l'un de l'autre.

Comment j'ai trouvé le bon mouvement, je ne sais pas, mais avant que nous ne descendions il m'a donné un baiser, à travers mes cheveux, à moitié sur la joue gauche, à moitié sur l'oreille. Je suis descendue en courant sans me retourner et j'attends avec beaucoup d'impatience la journée d'aujourd'hui. (16 avril 1944)

Les jours qui suivent, elle n'arrête pas de penser à ce baiser et à ce qui va se passer pour eux. Elle écrit :

Chère Kitty,

Crois-tu que Papa et Maman approuveraient que j'embrasse un garçon sur un divan, un garçon de dix-sept ans et demi avec une fille de près de quinze ans ? A vrai dire, je crois que non, mais dans cette affaire je ne peux m'en rapporter qu'à moi-même. On se sent tellement calme, tellement en sécurité à être là dans ses bras et à rêver, c'est si excitant de sentir sa joue contre la sienne, c'est si merveilleux de savoir que quelqu'un m'attend. (17 avril 1944)

Les journaux et l'album photo d'Anne. Une fois son premier journal rempli, Anne continue à écrire dans des cahiers ou des livres de comptes. Elle conserve le tout dans une vieille serviette en cuir qui a appartenu à son père. Quelques semaines après l'émission de radio, elle décide de réécrire son journal, pour qu'il puisse être édité après la guerre. Il lui arrive de sauter des fragments de son texte original, ou d'en rajouter. Elle retranscrit le tout sur de fines feuilles de papier pelure qui viennent du bureau. Anne doute souvent du bien-fondé de son entreprise.

Le 14 avril 1944, elle écrit : *Je suis certaine, Kit, que je suis un peu timbrée aujourd'hui et je ne sais pourtant pas pourquoi. Tout est mélangé, sans fils directeur, et je doute parfois sérieusement que plus tard quelqu'un s'intéresse à mon radotage. "Les confidences d'un vilain petit canard" sera le titre de toutes ces sottises.*

Anne adresse une longue lettre à son père afin de lui expliquer pourquoi elle continue à se rendre dans la chambre de Peter. En guise de conclusion, elle écrit : *Tu ne peux et ne dois pas considérer que j'ai quatorze ans, toutes les épreuves m'ont mûrie, je ne regretterai pas mes actes, j'agirai comme je crois pouvoir le faire.*
(5 mai 1944)
Elle demande à Otto de lui faire confiance. Mais son père est déçu et fâché. Par la suite, Anne regrettera d'avoir écrit une lettre aussi violente et malveillante, même si elle ne renie pas du tout ses sentiments envers Peter : *Je ne suis plus seule, il m'aime, je l'aime.* (7 mai 1944)

Otto Frank a accroché cette carte au mur de la chambre. A l'aide d'épingles de couleur, il illustre l'avance des armées alliées en France. Voilà plus d'un an que les clandestins espéraient un débarquement allié. A présent, c'est chose faite ! *Cette année, l'année 1944, va-t-elle nous offrir la victoire ? Nous n'en savons toujours rien pour l'instant, mais l'espoir nous fait vivre, il nous redonne courage, il nous redonne de la force. Car il nous faudra du courage pour supporter les multiples angoisses, privations et souffrances, maintenant il s'agit de garder son calme et de persévérer, mieux vaut s'enfoncer les ongles dans la chair que crier ! (...) Oh, Kitty ! Le plus beau du débarquement, c'est que j'ai l'impression que des amis approchent.* (6 juin 1944)

Anne décide d'en parler à son père. Une fois où ils se retrouvent seuls, elle le questionne : « *Papa, tu comprends sans doute que quand Peter et moi sommes ensemble, nous ne nous asseyons pas à un mètre l'un de l'autre, c'est mal, tu crois ?* » (2 mai 1944)

Otto déclare à Anne qu'il lui faut être prudente. Le lendemain, il lui dit qu'il vaudrait mieux qu'elle ne se rende plus aussi fréquemment dans la chambre de Peter. Mais Anne ne veut pas lui obéir.

Non seulement parce que j'aime bien être avec Peter, mais j'ai dit que je lui faisais confiance et je veux lui prouver aussi ma confiance. (2 mai 1944)

Au cours de ce printemps 1944, Anne n'écrit pas seulement sur ses amours. La guerre qui n'en finit pas représente également un sujet de préoccupation. *A quoi bon, oh ! à quoi bon cette guerre, pourquoi les gens ne peuvent-ils vivre en paix, pourquoi faut-il tout anéantir ?* (3 mai 1944)

Mais Anne écrit également : *Je suis jeune et je possède encore beaucoup de qualités enfermées en moi. (…) J'ai reçu beaucoup d'atouts, une heureuse nature, beaucoup de gaieté et de force. Chaque jour je sens que je me développe intérieurement, je sens l'approche de la libération, la beauté de la nature, la bonté des gens de mon entourage, je sens comme cette aventure est intéressante et amusante ! Pourquoi serais-je donc désespérée ?* (3 mai 1944)

Enfin, le 6 juin 1944, ils entendent à la radio la nouvelle du débarquement allié en Normandie ! Anne exulte : *L'Annexe est en émoi. La libération tant attendue arriverait-elle enfin, cette libération dont on a tant parlé mais qui est encore trop belle, trop miraculeuse pour vraiment arriver un jour ?*
(6 juin 1944)

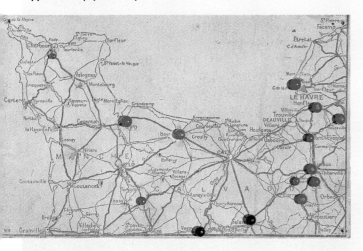

1942-1944

Le 12 juin, soit six jours après le débarquement, Anne fête son quinzième anniversaire. Cela fait bientôt deux ans qu'ils se trouvent dans l'Annexe. Les alliés sont encore loin et la vie suit son cours au Prinsengracht. Peter déçoit Anne. Elle avait espéré trouver en lui un véritable ami avec qui parler de tout, mais cela n'est pas le cas. Elle se demande s'il est superficiel ou toujours timide. Anne ne sait pas ce qu'il en est précisément, mais elle comprend fort bien que la situation est gênante également pour Peter. Elle estime que les temps qu'ils vivent sont bien plus difficiles pour les jeunes que pour les adultes. En effet, les adultes sont tellement sûrs de tout, ils ne doutent de rien.

Nous, les jeunes, nous avons deux fois plus de mal à maintenir nos opinions à une époque où tout idéalisme est anéanti et saccagé, où les hommes se montrent sous leur plus vilain jour, où l'on doute de la vérité, de la justice et de Dieu. (…) Voilà la difficulté de notre époque, les idéaux, les rêves, les beaux espoirs n'ont pas plus tôt fait leur apparition qu'ils sont déjà touchés par l'atroce réalité et totalement ravagés. C'est un vrai miracle que je n'aie pas abandonné tous mes espoirs, car ils semblent absurdes et irréalisables. Néanmoins, je les garde car je crois encore à la bonté innée des hommes. (15 juillet 1944)

Les personnes qui aident les clandestins, Miep (à gauche) et Bep, savent pertinemment qu'elles risquent leur vie. Anne se rend également compte du danger qu'elles encourent.
Le 26 mai 1944, elle écrit :
Miep et Kugler subissent le plus gros de la charge que nous présentons, nous et tous les clandestins, Miep dans son travail, et Kugler car parfois il a du mal à supporter la responsabilité colossale de notre survie à tous les huit, et n'arrive presque plus à parler tant il essaie de contrôler ses nerfs et son excitation.

Voilà la dernière page écrite par Anne dans son journal. Ce jour-là, le 1er août 1944, Anne regrette que les autres ne connaissent qu'une de ses facettes. Commentaires et critiques ne lui sont pas épargnés et elle n'est pas prise au sérieux.
Anne joyeuse s'en moque, rétorque avec insolence, hausse les épaules d'un air indifférent,

fait semblant de ne pas s'en soucier, mais pas du tout, Anne silencieuse réagit complètement à l'opposé. *Pour être vraiment franche, je veux bien t'avouer que cela me fait de la peine, que je me donne un mal de chien pour essayer de changer, mais que je dois me battre sans arrêt contre des armées plus puissantes.*

La Westertoren vue depuis la lucarne de l'Annexe.

Il m'est absolument impossible de tout construire sur une base de mort, de misère et de confusion, je vois comment le monde se transforme lentement en un désert, j'entends plus fort, toujours plus fort, le grondement du tonnerre qui approche et nous tuera, nous aussi, je ressens la souffrance de millions de personnes et pourtant, quand je regarde le ciel, je pense que tout finira par s'arranger, que cette brutalité aura une fin, que le calme et la paix reviendront régner sur le monde. En attendant, je dois garder mes pensées à l'abri, qui sait, peut-être trouveront-elles une application dans les temps à venir ! (15 juillet 1944)

Le 21 juillet 1944, Anne se montre tout à fait gaie et optimiste. Les nouvelles de la guerre laissent espérer une issue heureuse. Elle écrit une dernière fois dans son journal. Le 4 août, vers dix heures et demi du matin, la police allemande pénètre dans l'Annexe. Les clandestins ont été trahis...

L'ultime témoin

Le policier qui procède à l'arrestation des clandestins s'appelle Karl Silberbauer.

C'est une belle journée d'été. Comme d'habitude, Otto Frank se rend dans la chambre de Peter pour y donner sa leçon d'anglais. C'est un jour comme les autres. M. Frank regarde sa montre. Il est dix heures et demi.

A ce moment précis, Peter lève la main. Il semble effrayé. Un bruit leur parvient d'en bas, des voix d'hommes inconnues, des voix menaçantes, qui hurlent...

Quelques minutes auparavant, cinq hommes sont entrés dans le bureau. L'un d'entre eux porte l'uniforme de la police allemande. Les autres sont en civil. Ce sont probablement des nazis hollandais. Miep, Bep, Johannes Kleiman et Victor Kugler se trouvent dans le bureau. Les hommes sont au courant de tout. Victor Kugler doit les accompagner.

Ils grimpent l'escalier. Arrivés à la bibliothèque, les nazis dégainent leur revolver. Ils ouvrent le placard et les hommes pénètrent dans la cachette.

Un peu plus tard, un des nazis néerlandais entre dans la chambre de Peter, pistolet au poing. Otto et Peter descendent l'escalier. Arrivés en bas, ils voient tous les clandestins, y compris Anne et Margot, les mains en l'air. L'agent Karl Silberbauer leur intime d'une voix brève et dure de lui dire où se trouvent l'argent et les bijoux. Il prend une serviette et la vide sur le sol. Ce sont les écrits d'Anne. Il fourre ensuite argent et bijoux dans la serviette. Karl Silberbauer n'arrive pas à croire que les clandestins aient pu rester cachés pendant plus de deux ans dans l'Annexe. Otto Frank lui montre alors les marques sur le mur, qui indiquent la taille d'Anne aux différentes dates.

Johannes Kleiman à côté de la bibliothèque, après la guerre.

Le 4 août 1944, les huit occupants de l'Annexe sont emmenés en camion au bureau de la police allemande. Celle-ci siège dans deux écoles réquisitionnées. Dès le lendemain, les clandestins sont transférés dans un autre bâtiment et enfermés dans une cellule.

Miep Gies n'emporte pas seulement les éléments du journal d'Anne. Elle sauve aussi les albums photos de la famille Frank, ainsi qu'un certain nombre de livres scolaires.

Les Allemands vident les maisons des juifs qu'ils ont arrêtés. Tout ce qui revêt quelque valeur est transporté vers l'Allemagne.

Westerbork est un camp sur-peuplé. Chaque semaine, un train de marchandises emporte plus de mille hommes, femmes et enfants vers l'un des camps de la mort*. Les huit clandes-tins partiront avec le dernier convoi pour Auschwitz.

Les clandestins sont autorisés à prendre quelques vête-ments. Puis, ils sont emmenés dans un camion vers les bureaux de la police allemande. Victor Kugler et Johannes Kleiman sont également arrêtés et emmenés. Par la suite, ils seront enfermés dans un camp. Ils survivront tous deux à leur internement.

Le silence retombe sur le Prinsengracht. Miep et Bep sont restées seules. Elles craignent que les hommes ne reviennent à tout moment les arrêter. En fin d'après-midi, elles se rendent à l'Annexe, accompagnées de Jan Gies et de Van Maaren, le magasinier. Dans l'Annexe, le désordre est indescriptible. Sur le sol, elles retrouvent les papiers du journal d'Anne, qu'elles emportent ainsi que divers livres et papiers. Elles ont également trouvé les albums de photos de la famille Frank. Miep dépose les papiers d'Anne dans un tiroir de son bureau, qu'elle ferme à clé. Une semaine plus tard environ, la police allemande ordonne que l'Annexe soit vidée.

On n'a jamais su qui avait dénoncé les clandestins à la police allemande.

Ils resteront dans une cellule pendant quatre jours. Le 8 août, ils sont transportés au camp de Westerbork. Ils reste-ront dans le baraquement dit de "punition" pendant tout le mois d'août, parce qu'ils ne se sont pas présentés d'eux-mêmes mais se sont cachés.

51

Après 1944

Le 3 septembre 1944, les clandestins et plus de mille autres malheureux partent avec le dernier convoi de trains pour le camp de concentration d'Auschwitz, en Pologne. Pendant trois jours, ils se trouveront avec 70 autres personnes dans un wagon de marchandises. Ils arrivent à Auschwitz dans la nuit du 5 au 6 septembre. Plus de la moitié d'entre eux sont tués le jour même. Parmi eux, presque tous les enfants de moins de quinze ans. Anne échappe à ce sort parce qu'elle vient d'avoir quinze ans. Les hommes sont séparés des femmes. La plupart d'entre eux ne se reverront plus jamais. Les femmes doivent se rendre à pied au camp de Birkenau. Edith Frank et ses deux filles restent ensemble. Mme Van Pels (Van Daan) les accompagne également.

Otto Frank, Peter Van Pels (Van Daan) et Fritz Pfeffer (Albert Dussel) sont envoyés au camp des hommes.

A Auschwitz, les conditions d'existence sont épouvantables. Les prisonniers n'ont pratiquement rien à manger. Tous les jours, un grand nombre de prisonniers meurent de malnutrition et de maladie. Il n'y a pas de médicaments. Tous les jours, les gardiens tuent sans aucune raison. Tous les jours, de nouveaux groupes de prisonniers sont gazés. Personne n'est sûr de vivre jusqu'au soir.

Hermann Van Pels meurt dans les chambres à gaz du camp d'Auschwitz-Birkenau. Fritz Pfeffer meurt au camp de concentration de Neuengamme le 20 décembre 1944.

Les armées russes s'approchent par l'est et les armées alliées par l'ouest. Les Allemands savent qu'ils ont perdu la guerre. Ils veulent effacer les traces de leurs crimes. De nombreux camps sont évacués et détruits.

Parfois, il leur arrive de tuer les prisonniers et de les enterrer dans des fosses communes. De nombreux prisonniers sont également transportés dans d'autres camps de concentration, plus éloignés du front.

Le quai d'Auschwitz-Birkenau. C'est ici qu'arrivent les huit clandestins de l'Annexe et que s'opère la sélection. Ceux qui sont assez forts pour travailler pour les Allemands vivront (encore un peu). Les autres, dont presque tous les enfants de moins de quinze ans, sont emmenés directement vers les chambres à gaz. Anne échappe à ce sort parce qu'elle vient de fêter ses quinze ans.

Les noms de Margot, Otto, Edith et Anne Frank figurent sur la liste du dernier transport de Westerbork pour Auschwitz.

	Judentransport aus den Niederlanden — Lager Westerbork			
5		3.September	Blatt 7	
		am Häftlinge	194.	
301.	Engers	Isidor	30.4. 93	Kaufmann
302.	Engers	Leonard	13.6. 20	Landarbeiter
303.	Franco	Manfred	1.5. 05	Verleger
304.	Frank	Arthur	22.8. 81	Kaufmann
305.	Frank	Isaac	29.11.87	Installateur
306.	Frank	Margot	16.2. 26	ohne
307.	Frank	Otto	12.5. 89	Kaufmann
308.	Frank-Hollaender	Edith	16.1. 00	ohne
309.	Frank	Anneliese	12.6. 29	ohne
310.	v.Franck	Sara	27.4. 02	Typistin
311.	Franken	Abraham	16.5. 96	Landarbeiter
312.	Franken-Weyand	Johanna	24.12.96	Landbauer
313.	Franken	Hermann	12.5. 34	ohne
314.	Franken	Louis	10.8. 17	Gaertner
315.	Franken	Rosalina	29.3. 27	Landbau
316.	Frankfort	Alex	14.11.19	Dr.i.d.Oekonomie
317.	Frankfort-Elzas	Regina	11.12.19	Apoth.-Ass.
318.	Frankfoort	Elias	22.10.98	Schneider
319.	Frankfort	Max	20.8. 21	Schneider
320.	Frankfort-Weijl	Betty	25.3. 24	Naeherin
321.	Frankfort-Werkendam	Rozette	24.6. 98	Schriftstellerin
322.	Frijda	Herman	22.6. 87	Hochschullehrer
323.	Frank	Henriette	28.4. 21	Typistin

Le génocide

Pendant des jours et des jours, les déportés sont entassés dans des wagons à bestiaux, avant que les trains ne finissent par arriver dans les camps.

Enfants de gitans dans un orphelinat allemand. Tous furent déportés à Auschwitz pour y être assassinés, peu après que cette photo a été prise.

Les nazis prétendent que le peuple allemand est composé de sur-hommes. D'après eux, leur Reich n'a pas de place pour des personnes dites "inférieures" : gitans, noirs, handicapés ou juifs.

Au mois de janvier 1942, les chefs du parti nazi décident d'éliminer tous les juifs d'Europe, au nombre de 11 millions environ. Pour la seule raison qu'ils sont juifs. Dans ce but, l'on construit des camps de la mort. Il s'agit de camps de concentration spécialement conçus pour tuer rapidement un nombre maximum de personnes. Ces camps sont construits dans des régions reculées de Pologne : Auschwitz-Birkenau, Treblinka, Belzec, Sobibor, Chelmno et Majdanek. Tout doit se dérouler dans le plus grand secret. Personne ne doit connaître la véritable raison pour laquelle les juifs sont déportés. C'est pourquoi les nazis racontent que les juifs doivent partir en Pologne pour y travailler. La plupart des gens les croient.

Des trains en provenance de tous les pays occupés d'Europe font l'aller et retour vers la Pologne. Pendant plusieurs jours, les juifs sont entassés dans des wagons à bestiaux surchargés, sans nourriture ni boisson et sans savoir ce qui les attend. La plupart d'entre eux arrivent directement dans les camps d'extermination. Auschwitz-Birkenau est le plus vaste d'entre eux. Quelques heures après leur arrivée, la plupart des personnes sont déjà mortes dans les chambres à gaz. Seules celles que les nazis estiment utilisables ont quelque répit. Jeunes femmes et hommes solides doivent travailler dur sous les ordres des Allemands. Les conditions d'existence sont si terribles que la plupart d'entre eux meurent dans un délai de quelques semaines.

Certains ont eu de la chance et vivent encore lorsque les troupes alliées libèrent les camps en 1945. Au total, environ 6 millions de juifs ont été assassinés.

Après 1944

Lorsque Anne, Margot et leur mère arrivent à Auschwitz, le camp abrite environ trente-neuf mille femmes. On leur rase la tête et on leur tatoue un numéro sur l'avant-bras.

Au cours des derniers mois qui ont précédé sa libération en avril 1945, le camp de Bergen-Belsen est plein à craquer. La plupart des prisonniers sont des femmes, logées dans des baraques bondées, où pullulent les maladies contagieuses. Anne et Margot tomberont malades elles aussi. Ces photos ont été prises juste après la libération du camp.

A la fin du mois d'octobre 1944, Anne et Margot sont forcées de quitter leur mère. Les deux jeunes filles ainsi que Mme Van Pels doivent partir pour le camp de concentration de Bergen-Belsen. Les conditions de vie n'y sont pas moins pénibles. Il y fait horriblement froid, il n'y a presque rien à manger, le camp est surpeuplé et les maladies contagieuses y sont nombreuses.

Edith Frank vivra encore deux mois à Auschwitz. Elle meurt le 6 janvier 1945. Dix jours plus tard, les gardiens SS* transportent Peter Van Pels hors d'Auschwitz, dix jours avant la libération du camp par l'armée russe. Il mourra le 5 mai 1945 au camp de Mauthausen, en Autriche. Mme Van Pels ne restera que peu de temps à Bergen-Belsen. Elle transitera par Buchenwald pour parvenir à Theresienstadt où elle mourra au printemps 1945.

Margot et Anne tentent de survivre à Bergen-Belsen. Elles dorment dans une baraque surpeuplée et sans chauffage, avec un grand nombre d'autres femmes. Quelques-unes des femmes qui ont survécu aux camps y ont vu Anne et Margot et leur ont parlé.

"Les filles Frank étaient méconnaissables car elles étaient rasées. Elles souffraient du froid comme nous toutes. Elles s'affaiblissaient de jour en jour." (Mme Van Ameron-gen-Frankfoorder)

Une amie d'école d'Anne, "Lies", se trouve dans une autre partie du camp. Elle s'entretient avec son amie à travers les barbelés.

"Anne était une petite fille brisée à un point effrayant. Elle a éclaté en sanglots et m'a dit : « Mes parents sont morts. »(...) Si Anne avait su que son père vivait, elle aurait peut-être eu la force de résister." (Mme Pick-Goslar) Une autre femme raconte : "Ses vêtements grouillant de bestioles la démangeaient tant qu'elle les avait jetés. J'ai ramassé tout ce que j'ai trouvé pour la vêtir à nouveau, je lui ai enveloppé les pieds de chiffons." "Anne nous disait qu'elle avait une telle horreur des bestioles dans ses vêtements qu'elle les avait tous jetés. Nous étions en plein hiver et elle était blottie dans une couverture." (Mme Brandes-Brilleslijper) "Les symptômes du typhus se sont déclarés chez elles sans aucun doute possible. Elles étaient si malades qu'il n'y avait plus d'espoir." (Mme Van Amerongen-Frankfoorder)

Anne et Margot meurent en mars 1945, à quelques jours d'intervalle. Les Anglais libèrent le camp quelques semaines plus tard, au mois d'avril. Otto Frank est le seul de l'Annexe à survivre aux camps. Il se trouve toujours au camp d'Auschwitz lorsque les Russes le libèrent le 27 janvier 1945. Il veut rentrer à Amsterdam, mais c'est toujours la guerre aux Pays-Bas. Le 5 mars 1945, Otto entame le long voyage de retour vers la Hollande. Les Soviétiques le conduisent en même temps que de nombreux autres vers le port d'Odessa sur la mer Noire. D'Odessa, il naviguera vers Marseille et se rendra ensuite à Amsterdam en train et en camion.

A Bergen-Belsen, les conditions de vie sont tellement épouvantables que les gens meurent par dizaines de milliers. Anne et Margot décéderont quelques semaines avant la libération du camp par les Britanniques.

Les armées alliées libèrent les survivants des camps de la mort allemands et polonais. Les soldats n'en croient pas leurs yeux. Pour les rescapés commence alors le difficile voyage de retour. La plupart ont perdu famille et amis. Très souvent, leurs récits ne rencontreront que scepticisme et incrédulité.

Après 1944

Otto Frank va vivre chez Miep et Jan Gies. Cette photo a été prise en 1951. En 1952, Otto Frank part s'installer à Bâle. Un an plus tard, il épouse Elfriede Geiringer.

Ce n'est qu'en 1954 qu'arrive la déclaration officielle de la croix rouge néerlandaise, attestant qu'Anne Frank est décédée à Bergen-Belsen en mars 1945. Une attestation similaire suivra concernant Margot.

I n'y arrivera que le 3 juin. Otto Frank se rend tout de suite au domicile de Miep et Jan Gies. Les retrouvailles sont mêlées de bonheur et de peine. Otto Frank raconte que sa femme Edith est morte, mais qu'il a bon espoir de retrouver Margot et Anne vivantes. Il a appris qu'elles ont été transportées à Bergen-Belsen, qui n'était heureusement pas un camp d'extermination. Otto va habiter avec Miep et Jan. Chaque jour, ils tentent d'en apprendre plus à propos d'Anne et de Margot.

Enfin, près de deux mois plus tard, Otto apprend que ses deux filles sont mortes.

Pendant tout ce temps, Miep a conservé le journal d'Anne afin de le lui remettre en mains propres. Puisqu'il est à présent certain qu'Anne est morte, Miep remet le journal à Otto, qui le lit aussitôt, ému et surpris. Il ignorait qu'Anne avait consigné aussi soigneusement tout ce qui se passait dans l'Annexe.

Otto retranscrit de longs extraits du journal en allemand et les envoie à sa mère en Suisse.

Par la suite, il fera également lire des extraits du journal à d'autres personnes. Sur leurs instances, il cherche un éditeur. Mais au lendemain de la guerre, personne ne veut s'y atteler. C'est seulement le 3 avril 1946 qu'un article portant sur le journal d'Anne paraît dans le journal *Het Parool* et qu'un éditeur est enfin trouvé. Le journal d'Anne Frank paraît à l'été 1947, à 1500 exemplaires.

Ce faisant, Otto Frank a réalisé le vœu d'Anne : devenir un jour écrivain.

Le 1er août 1945, comme bien d'autres juifs rentrés des camps, Otto Frank fait insérer un avis de recherche dans un journal. Le texte en est le suivant : "Margot Frank (19 ans) et Anna Frank (16 ans), transport depuis Bergen-Belsen en janvier. O. Frank, Prinsengracht 263. Tél : 37059."

Otto Frank en 1967. C'est à Birsfelden, une banlieue de Bâle, qu'il mourra le 19 août 1980, à l'âge de 91 ans. Il fait don des journaux d'Anne à l'Etat néerlandais.

Le livre est bientôt traduit en français, puis en allemand. Une version anglaise paraît en 1951. Dans les années qui suivent, le journal sera encore traduit en trente et une langues, devenant célèbre dans le monde entier.

A présent, plus de quarante-cinq ans après sa parution, il a été édité en 55 langues. Plus de vingt millions d'exemplaires ont été vendus et il a donné lieu à des pièces de théâtre ainsi qu'à des films. Dans le monde entier, des rues et des écoles ont été baptisées Anne Frank.

Pour de très nombreuses personnes, la jeune fille est devenue le symbole des six millions de juifs tués par les nazis au cours de la Seconde Guerre mondiale. Un tel chiffre est difficilement concevable. Pourtant, le récit d'Anne Frank permet peut-être de se faire une idée de ce qu'a pu représenter la guerre pour chacun de ces six millions d'hommes, de femmes et d'enfants.

Otto Frank a consacré le reste de sa vie à répandre les idées et idéaux de sa fille dans le monde entier. En 1979, un an avant sa mort, il écrit :

"Nulle part dans son journal, Anne ne parle de haine. Elle écrit que malgré tout, elle croit à la bonté de l'homme. Et qu'elle veut œuvrer pour le monde et pour les hommes lorsque la guerre sera finie. J'ai repris sa tâche à mon compte. J'ai reçu plusieurs milliers de lettres. Les jeunes surtout veulent savoir comment des événements aussi terribles ont bien pu arriver. Je leur réponds de mon mieux. Et pour terminer, j'écris souvent : "J'espère que le journal d'Anne aura une influence sur votre avenir, de sorte que vous travaillerez dans votre entourage au rapprochement et à la paix, pour autant qu'il est en votre pouvoir.""

Le 3 avril 1946, le journal *Het Parool* publie un article intitulé "Une voix d'enfant". Le professeur J. Romein y écrit entre autres à propos du journal d'Anne :
"J'ai eu par hasard entre les mains un journal écrit pendant la guerre. L'Institut National de Documentation de Guerre possède déjà 200 journaux de ce type, mais je serais fort étonné qu'un seul d'entre eux soit aussi pur, aussi intelligent et aussi humain que celui-ci (...)"

Quelques exemples du journal d'Anne Frank édité en plusieurs langues.

La Fondation Anne Frank

*T*u *sais depuis longtemps que mon souhait le plus cher est de devenir un jour (...) un écrivain célèbre.* (Anne Frank, 11 mai 1944)

Ce rêve d'Anne Frank s'est réalisé au-delà de sa mort. Aujourd'hui, elle est un écrivain célèbre. Dans le monde entier, des lecteurs connaissent son journal. Pour avoir si justement décrit ce qui lui est arrivé, Anne Frank est devenue le symbole du sort de millions de juifs pendant la Seconde Guerre mondiale.

Après la guerre, la maison où se tenait cachée la famille Frank (Prinsengracht 263 à Amsterdam) fut utilisée comme immeuble d'exploitation. En 1957, l'immeuble était devenu tellement vétuste que l'on projeta de le démolir. Heureusement, beaucoup de gens s'y opposèrent et un groupe d'habitants d'Amsterdam n'eut de cesse de créer la Fondation Anne Frank, avec l'appui d'Otto Frank. La Fondation parvint à empêcher la démolition prévue et, en 1960, les visiteurs eurent enfin accès aux numéros 263 et 265 de la Prinsengracht.

Ils peuvent y visiter l'Annexe, mais également d'autres pièces où sont exposés l'original du journal d'Anne Frank et des documents portant sur l'antisémitisme*, le national-socialisme* et les Pays-Bas pendant la Seconde Guerre mondiale. On y trouve également des informations sur les formes actuelles d'intolérance, de racisme, de discrimination et d'antisémitisme.

La Maison Anne Frank à Amsterdam. Venues du monde entier, 600 000 personnes la visitent chaque année.

La chambrette d'Anne Frank. Il n'y a plus de meubles dans l'Annexe, même s'il reste des traces des clandestins. Ainsi, dans la chambre d'Anne, les photos de vedettes de cinéma qu'elle avait accrochées au mur sont toujours là.

Alliés
Pays qui ont combattu côte à côte contre l'Allemagne, l'Italie et le Japon pendant la Seconde Guerre mondiale. Les Alliés étaient entre autres les Etats-Unis, la Grande-Bretagne, la France libre et l'URSS.

Antisémitisme
Hostilité envers les juifs. A travers l'Histoire, les gens ont souvent attribué aux juifs la responsabilité d'événements auxquels personne ne pouvait rien : mauvaises récoltes, maladies et autres catastrophes. Les juifs ont souvent été maltraités, assassinés, chassés de leur ville ou de leur pays, pour l'unique raison qu'ils étaient juifs.

Camp de concentration
Camps de prisonniers dans lesquels les nationaux-socialistes ont enfermé (dès 1933 et jusqu'en 1945) tous leurs opposants, ainsi que ceux qu'ils considéraient comme inférieurs. Il était pratiquement impossible de s'échapper de ces camps, entourés de hautes barrières surmontées de fils barbelés sous tension.

Camps de la mort (ou d'extermination)
Camps de concentration spécialement conçus pour tuer le plus grand nombre possible de personnes en un minimum de temps. Dans les chambres à gaz, des groupes de personnes étaient asphyxiés en même temps. Puis les cadavres étaient brûlés dans des fours crématoires.

Clandestinité
Certains juifs tentent d'échapper aux mesures allemandes en se cachant. Au cours de la guerre, de plus en plus de non-juifs se sont également cachés :

résistants en danger, hommes qui refusaient le travail obligatoire en Allemagne, etc.

Croix gammée
La croix gammée était le symbole du NSDAP*. On la voyait partout : sur les bâtiments, les uniformes, les lettres, les cachets, etc. Le drapeau à croix gammée est devenu l'emblème officiel allemand en 1935.

Débarquement
Le 6 juin 1944, les troupes alliées ont débarqué en Normandie. Soldats et matériel ont été amenés sur de gros navires afin de libérer l'Europe des nazis.

Déportation
Transport forcé de gens vers une prison ou un camp de concentration.

Etoile jaune de David
Une étoile jaune à six pointes, sur laquelle on pouvait lire le mot Juif. Tous les juifs vivant dans les pays d'Europe occupés par les Allemands devaient la porter bien en évidence, cousue sur leurs vêtements. Aux Pays-Bas, le port de l'étoile est devenu obligatoire au mois de mai 1942.

Fournisseurs de tickets
Membres de la résistance qui fournissaient des tickets de rationnement aux clandestins. Officiellement, ceux-ci n'avaient pas d'adresse et donc aucun droit à des tickets.

Gestapo
Abréviation de *Geheime Staats Polizei*, la police secrète allemande pendant la guerre.

Hanouka
Fête juive qui dure huit jours au début de l'hiver.

Chaque soir, une bougie est allumée dans un candélabre à neuf branches. Le premier soir, une seule bougie est allumée, le deuxième soir deux bougies et ainsi de suite. La neuvième bougie est utilisée pour allumer toutes les autres.

Illégal, illégalité
Illégal signifie interdit. L'illégalité est synonyme de résistance : tous les actes de personnes désireuses d'entreprendre quelque chose contre l'occupant. Il existait plusieurs formes de résistance : l'aide aux clandestins, la lutte armée, la réalisation, la distribution et la lecture de journaux interdits.

National-Socialisme
Ainsi appelle-t-on les idées d'Hitler et de ses adeptes. Les nationaux-socialistes obéissent aveuglément à leur chef et sont opposés à la démocratie. Ils se prononcent en faveur de la discrimination et du racisme et ne considèrent pas que tous les hommes sont égaux.

Nazis
Adeptes du national-socialisme. Sont appelés des nationaux-socialistes ou nazis. Nazi vient de l'allemand "NAtional-soZIalismus".

NSDAP
Parti National Socialiste Allemand des Travailleurs. Ce parti créé en 1920 avait Adolphe Hitler comme chef.

"Nuit de cristal"
C'est ainsi que l'on a nommé la nuit du 9 au 10 novembre 1938, au cours de laquelle les nazis ont détruit des synagogues et des magasins juifs partout en Allemagne. Des dizaines de milliers de juifs

ont également été arrêtés et déportés dans des camps de concentration*. La dénomination "nuit de cristal" se réfère aux nombreuses vitres brisées.

Radio Orange
Les émissions de Radio Londres étaient écoutées en cachette par de nombreuses personnes, dont les clandestins de l'Annexe. Chaque jour, une émission spéciale était prévue en langue néerlandaise. L'émetteur s'appelait "Radio Orange", par analogie avec le nom de la Maison Royale néerlandaise.

Rafle
Chasse à l'homme organisée. Pendant les rafles, les Allemands encerclaient certaines rues ou même des quartiers entiers. Dans ce périmètre, tout le monde était alors contrôlé. L'occupant effectuait des rafles afin d'arrêter des juifs et des clandestins, immédiatement emmenés. La police collaborait fréquemment à ces tâches.

SS
Abréviation de *Schutzstaffel*, qui signifie en allemand unité de protection. Les SS étaient un organisme militaire aux pouvoirs étendus. Les SS étaient particulièrement craints pour leur cruauté. Leurs casquettes militaires arboraient une tête de mort.

Sténographie
Méthode d'écriture rapide. Au lieu de noter des mots, il suffit de noter des signes et des abréviations.

Synagogue
Lieu, salle ou bâtiment où se retrouvent les juifs pour prier, fêter certains événements et étudier les livres religieux.

CHRONOLOGIE

Ci-dessous, les dates marquantes pour la famille Frank, pour les autres clandestins et ceux qui les ont aidés.

12 mai 1889 : Otto Frank voit le jour à Francfort-sur-le-Main.

16 janvier 1900 : naissance d'Edith Holländer à Aix-la-Chapelle.

12 mai 1925 : mariage d'Otto Frank et d'Edith Holländer.

16 février 1926 : naissance de Margot Frank à Francfort.

Automne 1927 : la famille Frank s'installe au 307 Marbachweg.

12 juin 1929 : Anne Frank naît à Francfort.

Mars 1931 : la famille Frank s'installe au 24 Ganghoferstrasse.

Eté 1933 : Edith, Margot et Anne Frank séjournent chez la grand-mère Holländer à Aix-la-Chapelle. Otto Frank part pour les Pays-Bas.

15 septembre 1933 : Otto Frank fonde la firme Opekta Werke.

Octobre 1933 : Alice Frank-Stern, la grand-mère d'Anne, part pour Bâle (Suisse).

5 décembre 1933 : Edith et Margot Frank partent pour les Pays-Bas.

Février 1934 : Anne Frank part à son tour pour les Pays-Bas.

1934 : Anne est en classe maternelle dans une école Montessori.

Eté 1937 : la famille Van Pels fuit Osnabrück pour s'installer aux Pays-Bas.

1er juin 1938 : Otto Frank crée une deuxième entreprise : Pectacon BV.

8 décembre 1938 : Fritz Pfeffer fuit l'Allemagne pour s'installer aux Pays-Bas.

Mars 1939 : la grand-mère Holländer vient vivre auprès de la famille Frank.

1er décembre 1940 : l'entreprise d'Otto Frank s'installe au 263 Prinsengracht, à Amsterdam.

8 mai 1941 : "Optekta Werke" devient "Handelsvereniging Gies & Co".

Eté 1941 : Anne et Margot suivent les cours du Lycée juif d'Amsterdam.

Janvier 1942 : décès de la grand-mère Holländer.

12 juin 1942 : Anne Frank reçoit un journal pour son treizième anniversaire.

5 juillet 1942 : Margot Frank reçoit une convocation des autorités allemandes.

6 juillet 1942 : la famille Frank entre dans la clandestinité et s'installe à l'Annexe du 263 Prinsengracht, à Amsterdam.

13 juillet 1942 : la famille Van Pels (Van Daan) vient rejoindre les Frank à l'Annexe.

16 novembre 1942 : Fritz Pfeffer (Albert Dussel) s'installe à l'Annexe.

4 août 1944 : la famille Frank et les autres clandestins sont arrêtés.

8 août 1944 : les clandestins sont emmenés au camp de Westerbork.

3 septembre 1944 : les prisonniers sont envoyés au camp d'Auschwitz en Pologne.

6 septembre 1944 : arrivée à Auschwitz. Hermann Van Pels meurt dans les chambres à gaz quelques semaines plus tard.

Octobre 1944 : Anne et Margot Frank sont transférées au camp de Bergen-Belsen.

20 décembre 1944 : Fritz Pfeffer meurt au camp de Neuengamme.

6 janvier 1945 : Edith Frank meurt à Auschwitz.

27 janvier 1945 : à Auschwitz, Otto Frank est libéré par les Russes.

Mars 1945 : Anne et Margot Frank meurent à Bergen-Belsen.

5 mai 1945 : Peter Van Pels meurt au camp de Mauthausen.

Printemps 1945 : Mme Van Pels meurt au camp de Theresienstadt.

3 juin 1945 : Otto Frank arrive à Amsterdam.

Eté 1947 : le Journal d'Anne Frank est publié en néerlandais.

1952 : Otto Frank va vivre à Bâle en Suisse.

Novembre 1953 : mariage d'Otto Frank avec Elfriede Geiringer.

19 août 1980 : Otto Frank s'éteint à Birsfelden, à l'âge de 91 ans.

POUR EN SAVOIR PLUS

L'édition de référence du Journal est désormais la suivante :

Le Journal d'Anne Frank, adapté du néerlandais par Nicolette Ooms et Philippe Noble, Calmann-Lévy, 1992. Edition de poche : Le Livre de Poche, 1992.

Sur les différentes versions du Journal, on pourra lire :
Les Journaux d'Anne Frank, Calmann-Lévy, 1989.

D'Anne Frank, ont également été publiés les *Contes*, Calmann-Lévy, 1959. Edition de poche : Le Livre de Poche N° 4224.

Un témoignage irremplaçable :
Miep Gies, *Elle s'appelait Anne Frank*, Calmann-Lévy, 1987. Edition de poche : Presses-Pocket N° 2839.
On peut lire aussi :
Willy Lindwer, *Anne Frank, les sept derniers mois*, Stock, 1989.

Miyoko Matsutani, *Lettres à Anne Frank*, Hachette, 1988.

Sur la Seconde Guerre mondiale :

· **Quelques documentaires :**

Michel Pierre et Annette Wieviorka, *La Seconde Guerre mondiale*, Casterman, coll. Les Jours de l'Histoire.

Pierre Miquel, *La Seconde Guerre mondiale*, Hachette Jeunesse, coll. La Vie privée des hommes.

Marc Rosnais, *6 juin 1944, le débarquement*, Nathan, coll. Monde en poche.

· **Des romans pour la jeunesse qui évoquent la guerre, le nazisme et l'antisémitisme :**

Léo Meter, *Lettres à Barbara*, Messidor-La Farandole, collection Feu follet.

Marilyn Sachs, *Du soleil sur la joue*, Flammarion, Castor Poche Junior.

Rolande Causse, *Rouge braise*, Gallimard Folio Junior, et *Les enfants d'Izieu*, Le Seuil, coll. Petit Point.

Claude Gutman, *La Maison vide* et *Hôtel du retour*, Gallimard, coll. Page blanche.

Dorothy Horgan, *Au fil de la guerre*, Milan, coll. Zanzibar.

Judith Kerr, *Quand Hitler s'empara du lapin rose*, L'Ecole des loisirs, coll. Neuf.

Hans Peter Richter, *Mon ami Frédéric* et *J'avais deux camarades*, Le Livre de poche Jeunesse.

Olivier Renaudin, *La guerre d'Olivier*, Casterman, coll. Passé composé.

Fred Uhlman, *L'Ami retrouvé*, Gallimard, coll. 1000 Soleils.

Esther Hautzig, *La steppe infinie*, L'Ecole des loisirs, coll. Médium.

Christine Nöstlinger, *Hanneton vole !*, Le Livre de poche Jeunesse.

Joseph Joffo, *Un sac de billes*, Le Livre de poche N° 86.

Aranka Siegal, *La Grâce au désert*, Gallimard, coll. Page blanche.

Pierre Coran, *Le commando des pièces à trous*, Milan, coll. Zanzibar.

De nombreux films évoquent le sort des juifs pendant la Seconde Guerre mondiale.
Parmi ceux-ci :
· **Nuit et brouillard**, d'Alain Resnais (1956)
· **le Vieil homme et l'enfant**, de Claude Berri (1966)
· **les Guichets du Louvre** de Michel Mitrani (1974)
· **les Violons du bal** de Michel Drach (1974)
· **un Sac de billes** de Jacques Doillon (1975)
· **le Choix de Sophie**, d'Alan Pakula (1982)
· **Shoah**, de Claude Lanzmann (1985)
· **Au revoir les enfants**, de Louis Malle (1987)

*I*NDEX

PLUSIEURS VERSIONS D'UN MÊME JOURNAL

Dans le courant du printemps 1944, Anne entend une intervention du ministre hollandais Bolkestein à Radio Orange. Au cours de cette émission, celui-ci annonce que le gouvernement néerlandais projette d'éditer dans un proche avenir des récits portant sur la guerre. Aussitôt, Anne décide de faire publier son journal après le conflit. Elle commence à le transcrire sur des feuilles volantes, saute certains passages, en corrige d'autres. Il lui arrive aussi d'ajouter des fragments de texte. Parallèlement, elle continue à tenir son propre journal.

Après la guerre, Miep Gies confie les journaux d'Anne à Otto Frank. Après mûre réflexion, ce dernier décide de les faire éditer. Il élabore un ouvrage en se basant sur le journal original et sur la version retravaillée par Anne. Otto saute à son tour certains passages, qu'il estime peu intéressants. Le journal est publié pour la première fois en 1947 sous le titre hollandais de L'Annexe.

Otto Frank décède en 1980 après avoir légué à l'Etat néerlandais toutes les archives de sa fille. Dès les années cinquante, d'aucuns ont prétendu que le journal d'Anne Frank était un faux. Selon ces personnes, il était impossible qu'une enfant de quinze ans ait écrit un tel ouvrage. Afin de réfuter une fois pour toutes de telles allégations, les originaux du Journal ont été soumis à des examens scientifiques. Ceux-ci ont établi que la véracité du journal ne faisait aucun doute. Les résultats en ont été publiés en 1989 dans Les journaux d'Anne Frank. Cet ouvrage renferme (presque) tous les diffé-

rents textes écrits par Anne pour ses journaux. Il contient également ses antécédents familiaux et les faits qui ont entouré son arrestation et sa déportation. Une nouvelle traduction du Journal a été publiée en 1992. Dans cet ouvrage, un certain nombre de textes négligés par Otto Frank en 1947 ont cette fois été repris.

Lorsque Anne Frank remanie son journal en pensant à sa publication, elle change les noms des clandestins comme de leurs aides. Dans la publication de 1947, Otto Frank conserve ces pseudonymes. Dans la nouvelle version de 1992, les clandestins conservent également leurs pseudonymes tandis que les protecteurs récupèrent leurs propres noms.

Ci-dessous, on trouvera les pseudonymes donnés par Anne aux clandestins, suivis de leurs noms véritables :

M. Koophuis
Johannes Kleiman
M. Kraler
Victor Kugler
Eli Vossen
Bep Voskuijl
M. Vossen
M. Voskuijl
Miep Van Santen
Miep Gies
Henk Van Santen
Jan Gies
Famille Van Daan
Famille Van Pels
Albert Dussel
Fritz Pfeffer

Crédits photographiques

© **ANP-Photos :**
p. 46

© **Archives municipales, Amsterdam :**
p. 16 *h*, p. 28 *h*

© **Miep Gies :**
p.18 *h*, p. 22 *b*, p. 26 *b*, p. 32, p. 35 *b*

© **Musée d'Histoire, Francfort :**
p. 9 *b*, p. 12 *d*

© **Wubbo de Jong :**
p. 32 *h*, p. 34 *h*, p. 37 *m*

© **Jules Huf :**
p. 50 *h*

© **KLM-Photos aériennes :**
p. 30 *h*

© **Lau Mazirel :**
p. 53 *b*

© **Marins C. Meijboom :**
p. 40

© **Cas Oorthuys :**
p. 33 *b*

© **Opekta Werke :**
p. 18

© **Institut royal de documentation sur la guerre :**
p. 13 *g*, 15 *h*, p. 20 *h*, p. 40 *d*, p. 50 *b*, p. 51 *m*, p 51 *b*, p. 52,
p. 53 *h*, p. 54, p. 55

© **Croix Rouge néerlandaise :**
p. 52 *b*

© **Archives Spaarnestad :**
p. 13 *d*, p. 15 *b*, p. 20 *b*

© **Musée municipal, Amsterdam :**
p. 28 *g*

© **Fondation Particam/ Maria Austria :**
p.29 *d*, p. 35 *h*, p. 36 *h*, p. 38 *b*,
p. 42 *h*, p. 45, p. 50 *m*

Toutes les autres photos sont extraites
des archives de la Fondation Anne Frank.

© **AFF / Anne Frank Stichting, Amsterdam.**

Quelques camps de concentration et d'extermination

Les premiers camps de concentration sont construits au moment de l'arrivée au pouvoir d'Hitler, en 1933. C'est là que disparaissent bientôt les opposants politiques, les résistants et ceux que les nazis considèrent comme des êtres inférieurs. De nombreux prisonniers sont fusillés, meurent de faim et d'épuisement.

Après l'invasion de la Pologne en 1939 et, plus tard, celle de l'Union soviétique, des centaines de milliers de juifs sont abattus sur place.

Au début de l'année 1942, les nazis décident de tuer systématiquement tous les juifs d'Europe.

Des camps sont construits en Pologne pour y assassiner sur une grande échelle. Les nazis parlent de camps d'extermination.

A la fin de la guerre, environ six millions de juifs ont été tués. La carte ci-contre laisse voir combien (approximativement) de juifs des différents pays sont morts.

Un certain nombre de pays ne se trouvent pas sur la carte. D'autres juifs venus de Norvège (728), de Finlande (11), d'Estonie (1 000), de Grèce (71 000), d'Albanie (200) et de Lybie (562) ont également été assassinés.

SUE (NEUT

DANEMARK
77

PAYS-BAS
106 000

NEUENGAMME

RAVENSBE

BERGEN-BELSEN

SACHSENHA

ALLEMAGNE
160 000

VUGHT

DORA-MITTELBAU

BUCHENWALD

BELGIQUE
24 000

THERE

LUXEMBOURG
700

FLOSSENBÜRG

FRANCE
83 000

NATZWEILER

DACHAU

A

SUISSE
(NEUTRE)

ITALIE
8 000

Camps de concentration

Camps d'extermination

Nombre de juifs morts par pays (estimation)

Lieux où ont séjourné les clandestins de l'Annexe